Fabian Grolimund

Vom Aufschieber zum Lernprofi

Fabian Grolimund

VOM AUFSCHIEBER ZUM LERNPROFI

Bessere Noten, weniger Stress, mehr Freizeit

HERDER

FREIBURG · BASEL · WIEN

Hermann-Herder-Str. 4, 79104 Freiburg im Breisgau

www.herder.de

Bei Fragen zur Produktsicherheit wenden Sie sich an:
produktsicherheit@herder.de

Abbildungen im Innenteil: Clémence Haller
Satz: Carsten Klein, Torgau

Herstellung: GGP Media GmbH, Pößneck
Printed in Germany

ISBN Print 978-3-451-60035-7

INHALT

HOLE DAS MAXIMUM AUS DIESEM BUCH HERAUS

Dieses Buch soll dir dabei helfen:

- deine Arbeiten und die Prüfungsvorbereitung anzupacken, anstatt sie vor dir herzuschieben.
- deine Noten durch effektive Lernstrategien zu verbessern.
- deine Freizeit ohne schlechtes Gewissen zu genießen
- und mit Freude und Interesse zu studieren.

Bist du gerade unter Druck, weil Prüfungen anstehen, der Abgabetermin einer Arbeit näher rückt? Oder sollst du ein Thema für eine Seminar-, Bachelor- oder Masterarbeit finden? Dann profitierst du am meisten, wenn du mit dem zweiten Teil beginnst. Ab Seite 153 lernst du Strategien kennen, die dir dabei helfen, dich bei der Prüfungsvorbereitung auf das Wesentliche zu fokussieren und schriftliche Arbeiten geschickt aufzugleisen.

Falls du Prüfungen vorbereiten oder eine Arbeit schreiben solltest, die Arbeit jedoch vor dir herschiebst, steigst du besser gleich mit dem ersten Kapitel ein. Der erste Teil des Buches besteht aus einer Vielzahl von kurzen Übungen, die dir den Einstieg erleichtern und dich dazu motivieren, dranzubleiben. Wenn du die Übungen machst, wirst du dich im Laufe des Buches besser kennenlernen. Du wirst merken, unter welchen äußeren Bedingungen du am besten arbeiten kannst, welche Strategien dir beim Einstieg in die Arbeit helfen und wie dir das Lernen und

Schreiben vielleicht sogar so viel Freude bereiten können, dass du nicht mehr auf den Druck von Deadlines angewiesen bist.

Vielleicht willst du noch etwas über mich wissen? Ich heiße Fabian Grolimund oder einfach Fabian (ich hoffe, es ist in Ordnung, wenn wir uns duzen), bin Psychologe und leite gemeinsam mit Stefanie Rietzler die Akademie für Lerncoaching in Zürich, die Weiterbildungen in Lerncoaching für Fachpersonen sowie Seminare für Studierende, Eltern und Kinder anbietet.

Die Zeichnungen in diesem Buch stammen von der Illustratorin Clémence Haller.

Aber genug von uns. In diesem Buch geht es schließlich um dich! Wir wünschen dir für dein Studium alles Gute und hoffen, dass dir dieses Buch auf deinem Weg ein hilfreicher Begleiter wird.

TEIL I

TAUSCHE MÜLLZEIT GEGEN LERN- UND FREIZEIT

Macher kommen voran und genießen ihre Freizeit

Aufschieber produzieren Müllzeit

Wahrscheinlich hast du dich beim Lesen der Überschrift gefragt, was zum Henker denn Müllzeit sein soll?

Ganz einfach: Ich unterscheide drei Zeitformen.

Du hast Arbeitszeit verbracht, wenn du dir ein klares Ziel gesetzt hast und vorwärtsgekommen bist. Du hast Fortschritte gemacht, ein Etappenziel erreicht und spürst ein Gefühl der Befriedigung. Du freust dich auf die wohlverdiente Freizeit!

In deiner Freizeit entspannst du dich und machst oder erlebst etwas, das dir Freude bereitet oder dich auf andere Weise bereichert. Danach fühlst du dich je nachdem – aktiviert, erholt oder körperlich müde, aber geistig frisch.

Müllzeit hingegen hast du produziert, wenn du dich weder erholt fühlst noch vorangekommen bist. Müllzeit hast du verbracht, wenn du dich am Abend müde fühlst und dich fragst: »Was habe ich heute gemacht?«

Müllzeit ist eine unheilvolle Verquickung von Lernzeit und Freizeit. Sie entsteht, wenn wir uns ohne klare Absicht an die Arbeit wagen, wie gelähmt vor dem leeren Blatt sitzen und uns durch Chatfenster oder YouTube-Videos klicken. Müllzeit verbringen wir dann, wenn wir einer Freizeitaktivität nachgehen, während uns dabei das schlechte Gewissen plagt. In der Müllzeit denken wir darüber nach, was wir tun müssten, während wir alle möglichen Gründe erfinden, genau das nicht zu tun.

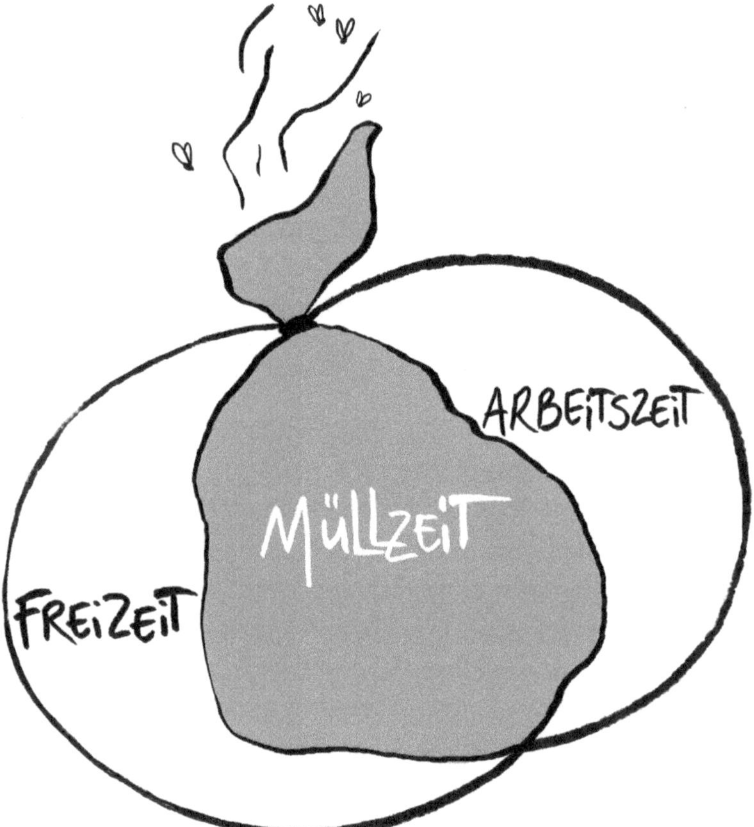

Wir alle verbringen ab und zu Müllzeit. Viele Studierende, die mein Seminar zum Thema Aufschieben besuchen, erzählen mir jedoch, dass sie bis zum Hals drinstecken. Lassen wir einige von ihnen zu Wort kommen.

Sabrina: »Bei mir ist es so, dass ich mir immer vornehme, gleich anzufangen. Nur noch eine Sendung, dann fange ich an. Noch kurz einen Kaffee, dann fange ich an. Noch rasch Facebook checken, dann fange ich – wirklich (!) – an. Das kann den ganzen Nachmittag so gehen. Gestern bin ich acht Stunden vor dem Laptop gehockt und habe Serien geschaut. Ich habe mir vorgemacht, dass ich nach der nächsten Episode mehr Energie haben werde, um endlich anzufangen. Die ganze Zeit über hat mich mein schlechtes Gewissen gequält. Am Ende war ich so erschöpft und frustriert, dass ich bereits um 21.30 Uhr zu Bett ging. Das klingt jetzt blöd, aber Aufschieben ist anstrengend!«

Tom: »Dein Hinweis auf die Müllzeit hat mir die Augen geöffnet: Andere meinen, ich hätte viel Freizeit, aber es ist Müllzeit. Ich war ewig nicht mehr im Kino oder auf dem Snowboard. Wenn Freunde mich zu einer Party oder zum Essen einladen, meldet sich das schlechte Gewissen. Ich sitze seit mehr als drei Jahren an der Masterarbeit und habe ständig das Gefühl, dass ich nicht Snowboarden gehen kann, keine Freunde treffen darf, wenn ich noch nichts dafür getan habe. Ich sage ab und nehme mir vor, stattdessen zu arbeiten – und dann tue ich nichts und fühle mich wie der letzte Versager.«

Wie Sabrina und Tom belegen, können wir Müllzeit mit verschwendetem Leben gleichsetzen: Du fühlst dich dabei müde, lahm und schwach. Am Abend bist du erschöpft, aber weißt nicht warum: Schließlich hast du nichts erledigt.

Beim Lesen des Buches wirst du nach und nach besser verstehen, weshalb du wichtige Projekte wie schriftliche Arbeiten oder das Lernen für Prüfungen vor dir herschiebst. Gleichzeitig wirst du erkennen, wie du gegen diese Tendenz angehen kannst. Du wirst eine Vielzahl von Experimenten und Übungen kennenlernen, die dir dabei helfen, dich für die Arbeit zu entscheiden und deine Freizeit zu genießen – und ein produktiveres, spannenderes und erfüllteres Leben zu führen.

Dieses Buch ist als Training konzipiert. Lies jeweils nur ein einziges Kapitel und lass dich anschließend auf die Übung ein – das Lesen alleine wird dir nicht weiterhelfen.

Nicht jede Übung wird dir gleichermaßen helfen – welche für dich am nützlichsten sind, erfährst du, indem du sie ausprobierst, und nicht, indem du darüber nachdenkst. Ich möchte dich zum Experimentieren einladen. Vielleicht wirst du dabei einige Überraschungen erleben.

Übungen, die dir weiterhelfen, solltest du in dein Repertoire aufnehmen. Passe sie immer weiter an dich und deine Bedürfnisse an und nutze sie regelmäßig.

Hier kommt deine erste Übung:

Übung 1: Überlege dir, wie du deine Zeit verbringst

Der erste Schritt zur Veränderung – hin zu produktiven und befriedigenden Arbeitsstunden und echter Freizeit – besteht darin, dass du dir bewusst wirst, wie du deine Zeit verbringst.

Überlege dir heute vor dem Ins-Bett-Gehen, wie du deinen Tag verbracht hast. Stell dir dazu die folgenden Fragen:

1. Habe ich heute echte Freizeit gehabt?
2. Hatte ich heute Phasen, in denen ich produktiv war?
3. Wie groß war heute der Anteil an Müllzeit?

Schreibe eine einzige Sache auf, die du morgen tun könntest, um den Müllzeit-Anteil zu verringern:

____

____

____

____

____

Kreuze morgen Abend an, wie nützlich diese Übung für dich war (1 = Zeitverschwendung / 5 = sehr hilfreich).

1	2	3	4	5
☐	☐	☐	☐	☐

NIMM DIR FREI

Macher gönnen sich Freizeit

Aufschieber stehlen sich Freizeit

Sabrina und Tom, die im letzten Kapitel kurz zu Wort kamen, stehlen sich Freizeit. Ihr schlechtes Gewissen nagt an ihnen und verhindert, dass sie sich bewusst freinehmen, einen Nachmittag lang absichtlich chillen, Snowboarden gehen oder sich mit Freunden treffen.

Stattdessen nehmen sie sich ständig vor, zu arbeiten. Aufschieber sind gefangen in einem Teufelskreis:

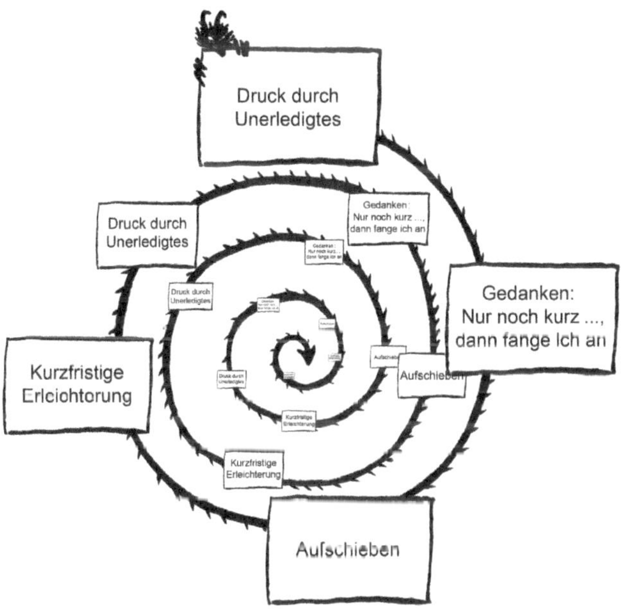

Sabrina schildert die Zusammenhänge wie folgt: »Ich komme nach Hause und weiß, dass ich lernen müsste. Im Bus habe ich mir das fest vorgenommen. Aber wenn ich die Bücher sehe, gerate ich unter Druck. Ich weiß, dass ich knapp dran bin, und habe keine Ahnung, wo ich anfangen soll. Dann höre ich diese Stimme in meinem Kopf: Mach dir noch kurz einen Tee, dann läuft es vielleicht besser. Nach dem Tee läuft es nicht besser. Sobald ich die Bücher sehe, spüre ich wieder diesen Druck – und dann fällt mir auf, dass mein Schreibtisch nicht aufgeräumt ist. Ich mache mir vor, dass ich so nicht lernen kann, und fange an, aufzuräumen. In dem Moment, wo ich mich entschließe, das Lernen noch etwas aufzuschieben, fühle ich mich erleichtert – aber danach quält mich das schlechte Gewissen umso mehr!«

Geht es dir ähnlich?

Aufschieber lernen, dass sie den Druck für einen Moment verringern können, indem sie sich anderen Aufgaben zuwenden.

Psychologen sprechen in diesem Fall von Verstärkung. Ein Verhalten – zum Beispiel das Aufschieben – wird häufiger, wenn es belohnt wird. Aufschieben wird dabei meist negativ verstärkt: Es wird dadurch belohnt, dass etwas Unangenehmes wegfällt. Es ist der Abfall von Druck und die damit verbundene, kurzfristige Erleichterung, die du unmittelbar nach dem Aufschieben erfährst, die das Aufschieben so attraktiv machen.

Langfristig steigt durch das Aufschieben die Anspannung. Das schlechte Gewissen nimmt zu. Aber dein Unterbewusstsein hat bereits gelernt, wie es damit umgehen kann: durch Aufschieben, durch Wegschauen, durch Ablenkung.

Das ist so, als würdest du auf Zahnschmerzen reagieren, indem du zum Schmerzmittel greifst. Der Schmerz lässt ein paar Stunden nach, aber das Loch wird größer.

Damit das schlechte Gewissen sie nicht zu sehr quält, nehmen sich Aufschieber nicht wirklich frei. Sie gönnen sich nur kurze Schonfristen – mit Dingen, die ins folgende Raster passen:

- Nur kurz ...
- Damit ich lernen kann, muss ich zuerst ...
- Das muss schließlich auch gemacht werden ...

Gewählt werden also Aktivitäten, bei denen man sich vormachen kann, dass sie kaum Zeit in Anspruch nehmen, eine Vorbereitung für die Arbeit darstellen oder ebenfalls wichtig sind.

Diese haben aber keinen Erholungswert und bringen dich nicht vorwärts: Müllzeit-Alarm!

Du machst einen ersten Schritt in die richtige Richtung, wenn du anstelle solcher Spielchen wieder echte Freizeit einplanst.

Wenn du dir richtige Freizeit einplanst, kannst du dich erholen und neue Kraft tanken. Auf der anderen Seite weißt du: Meine Arbeitszeit ist begrenzt! Wenn ich mir Arbeitszeit eingeplant habe, muss ich sie auch nutzen – danach steht etwas anderes auf dem Programm.

Mach gleich jetzt deine zweite Übung!

Übung 2: Plane deine Freizeit

Nimm deine Agenda hervor. Plane für jeden Tag der nächsten Woche mindestens eine schöne Aktivität ein: ein Treffen mit Freunden, einen Kinobesuch, ein bewusst eingeplanter »Gammelabend« vor dem Fernseher, Sport oder einen Nachmittag, den du mit deinem Hobby verbringst. Dein Wochenende solltest du mindestens zur Hälfte mit Freizeit verplanen. Geh in den Zoo, ins Museum, Ski fahren, shoppen, unternimm etwas mit Freunden oder reserviere dir einige Stunden für dein Buch oder einen Film.

Und jetzt kommt der Hammer: Halte dich an deine Freizeitpläne, auch wenn du nicht gearbeitet hast!

Ach ja ... wenn du dir freinimmst: Hör auf, all diese Bücher mit dir rumzuschleppen, die du doch nicht liest. Du wirst sie auf dem Skilift oder im Schwimmbad nicht auspacken! Ich weiß...

Gewissensberuhigung. Das schadet dir! Du verwandelst Freizeit in Müllzeit. Nimm einen spannenden Roman mit.

Kreuze am Ende der Woche an, wie nützlich diese Übung für dich war:

1	2	3	4	5
☐	☐	☐	☐	☐

NUTZE KURZE, EFFEKTIVE ARBEITSEINHEITEN

Macher setzen sich kleine Ziele und erreichen sie

Aufschieber geben große, aber leere Versprechen ab

Weißt du, was Aufschieber besonders gerne zu sich sagen?

Das lohnt sich doch gar nicht!

Aufschieber gehen davon aus, dass arbeiten nur dann sinnvoll ist, wenn man große Zeitfenster dafür reserviert hat.

- »In vierzig Minuten kommt der Bus – es hat keinen Wert, noch anzufangen.«
- »In einer Stunde essen wir – da komme ich nicht mehr richtig rein.«
- »Die Zugfahrt dauert nur eine halbe Stunde – das bringt's doch nicht, dafür meine Sachen auszupacken.«

Natürlich gilt das nur, solange der Prüfungstag noch nicht da ist. Dann lohnt es sich selbstverständlich auch noch in der Klopause davor zu büffeln.

Tina war eine Meisterin dieser Kunst, wie der folgende Ausschnitt aus einem Training zeigt:

Fabian: Es fällt dir an manchen Tagen sehr schwer, dich auf die Prüfung vorzubereiten?
Tina: Ja, dann mache ich einfach zu wenig oder gar nichts und bin abends völlig frustriert.
Fabian: Und quälst dich mit der Frage, warum du nichts gemacht hast?
Tina: Genau. Manchmal könnte ich anfangen zu weinen, so verzweifelt bin ich. Die Prüfung ist schon bald und ich muss das alles bis dahin in meinen Kopf packen.
Fabian: Was hast du denn bis jetzt für Antworten auf die Frage »Warum habe ich nichts gemacht?« gefunden?
Tina: Also ... das sind eher Selbstvorwürfe als Fragen.
Fabian: Aha, dann stellen wir uns diese Frage heute ernsthaft. Was müsstest du morgen tun, um einen blöden Tag zu haben, an dem du nichts zustande bringst und abends frustriert zu Bett gehst?
Tina: Ja, wenn ich das wüsste, würde ich es doch nicht tun.
Fabian: Vielleicht finden wir es heraus. Schließlich kennst du dich schon ziemlich lange. Wie müsstest du einen miesen Tag beginnen? Was müsstest du nach dem Aufstehen als Erstes tun?
Tina: Ähm ... ich müsste ... ich würde so gegen neun Uhr aufstehen und dann in der Küche unserer WG mit dem Lernen beginnen.
Fabian: Was passiert dann?
Tina: Wenn meine WG-Kollegin hört, dass ich die Kaffee-Maschine einschalte, steht sie auch auf. Und dann plaudern wir. Meist geht das bis elf Uhr. Dann denke ich, dass es sich eh nicht mehr lohnt, vor dem Mittagessen noch anzufangen. Also gehen wir zusammen einkaufen. Danach kochen und essen wir. Nach dem Essen bin ich müde – dann schauen wir meist etwas fern. Dabei habe ich so ein schlechtes Gewissen, dass ich mich wie gelähmt fühle.
Fabian: Und dann vor dem TV sitzt und denkst: Noch fünf Minuten, dann fange ich an?
Tina: Ja, oder noch kurz eine rauchen und dann geht's los.
Fabian: Es geht dann aber nicht los?

Tina: Nein. Ich sage mir: Du bist so eine faule Nuss! Jetzt ist es schon vierzehn Uhr und du hast noch nichts gemacht. Vergiss es – jetzt kommst du eh nicht mehr rein. Der Tag ist gelaufen.
Fabian: Was sagst du dir dann?
Tina: Dass ich am nächsten Tag um acht Uhr in der Bibliothek bin und richtig ranklotze. Aber inzwischen glaube ich mir das selbst nicht mehr ...
Dieser Kreislauf ist ebenfalls typisch für Aufschieber: Sie nehmen sich sehr viel vor. Sie wollen um acht Uhr in der Bibliothek sein, den ganzen Nachmittag lernen, an einem Tag fünf Seiten schreiben. Aber bitte erst morgen!

Ist der nächste Tag da, gelingt es ihnen (natürlich!) nicht, den großen Plan umzusetzen.

Ich hatte Aufschieber im Training, die sich den Wecker auf sieben Uhr stellen und beim ersten Klingeln auf Snooze drücken. Sie dösen weiter bis um neun Uhr. Bis dahin ist alles normal – das mache ich auch. Was das Ganze zum Problem macht, ist der Gedanke nach dem Aufstehen: »Jetzt hast du wieder verpennt – jetzt lohnt es sich nicht mehr!«

Diese Geschichte habe ich tatsächlich von mehreren Studierenden mit Aufschiebeproblemen gehört. In einer Art »Ganz-oder-gar-nicht-Mentalität« legen sie nicht um zehn oder elf Uhr los, sondern lassen den Tag sausen und hoffen auf ein Wunder am nächsten Tag.

Andere stehen tatsächlich so früh auf, werden aber wieder schlapp, wenn sie an das unmenschliche Pensum denken, das sie sich für diesen Tag aufgebürdet haben. Ehrlich gesagt: Ich würde auch im Bett bleiben, wenn ich mir vorgenommen hätte, den ganzen Tag in der Bibliothek zu sitzen.

Am Ende des Tages hat der Aufschieber ein schlechtes Gewissen. Und was tut er dagegen? Sich für den nächsten Tag, die nächste Woche noch mehr vornehmen. Geht es dir auch so? Dann steckst du in diesem Teufelskreis:

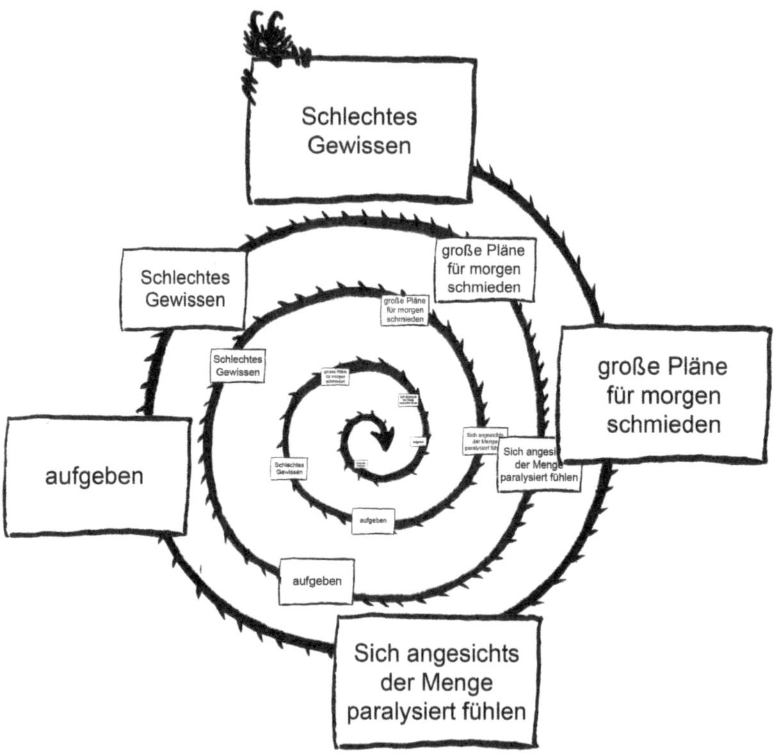

Mit der Zeit passiert etwas Tragisches: Jedes Mal, wenn du dich nicht an deinen Plan hältst, büßt du ein wenig von deinem Selbstwertgefühl ein. Noch schlimmer wird es, wenn du anderen (Professoren, Assistenten, Eltern, Freunden oder dem Partner gegenüber) Versprechen abgibst, die nicht einzuhalten sind.

Du beginnst, dich für einen Versager zu halten, und dein Umfeld traut dir nichts mehr zu. Manche retten sich in dieser Phase in Galgenhumor, andere verlieren vollends die Hoffnung.

Es gibt einen Weg aus diesem Teufelskreis: Gib dir und anderen kleine Versprechen ab!

So klein, dass du sie garantiert einhalten kannst. Profitiere von der folgenden Aufwärtsspirale:

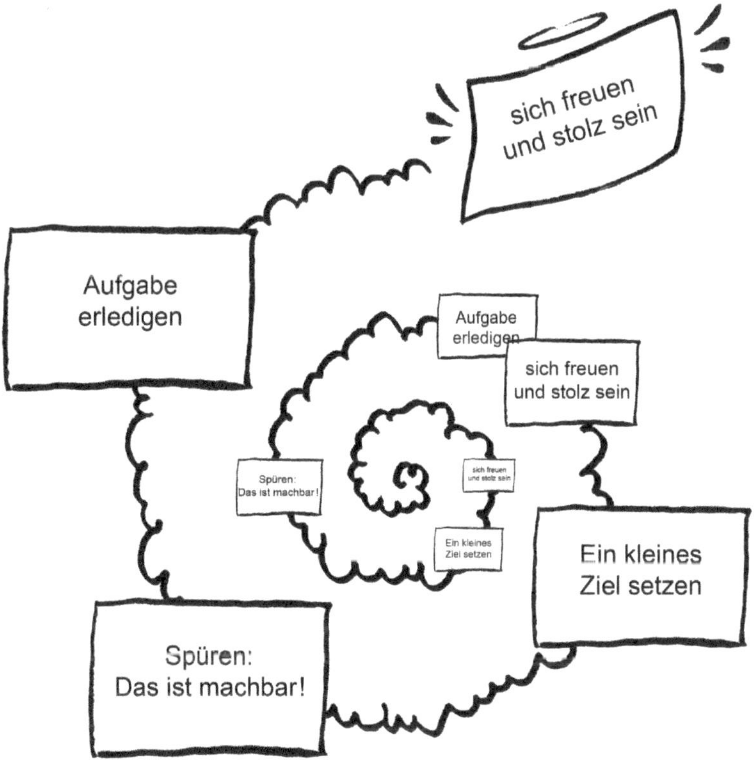

Je länger du schon aufschiebst und je mehr Schwierigkeiten du hast, dich an die Arbeit zu wagen, desto kleiner sollte die Aufgabe sein. Nimm dir vor, fünf oder zehn Minuten zu lernen oder ein paar Gedanken für die anstehende Arbeit zusammenzutragen.

Ich weiß, dass du Einwände hast. Ich höre dich laut und deutlich sagen: »Was soll das bringen?«

Vertrau mir. Einerseits sind zehn Minuten mehr als nichts. Auf der anderen Seite stärkt jede erledigte Aufgabe, jedes eingehaltene Versprechen dein Selbstvertrauen und dein Selbstwertgefühl. Du beginnst wieder an dich zu glauben und kannst dir mit der Zeit mehr vornehmen.

Aufschieber unterschätzen zudem gewaltig, wie sehr sich kurze Arbeitseinheiten aufsummieren.

Ein Student schilderte mir, dass er aufgrund seiner vielen Aktivitäten wie Sport und Musik kaum Zeit habe, zu lernen. Lediglich am Wochenende könne er Zeit finden, dann sei er jedoch zu müde, um noch »stundenlang« zu lernen. Da er in Bern wohnte und in Fribourg studierte, stellte ich ihm die Frage, ob er nicht die Zugfahrt nutzen könnte, um zu lernen. Sofort musste ich mir den Einwand anhören, dass sich eine Zugfahrt von zwanzig Minuten dafür nicht lohnen würde. Auf meine Frage, ob er bereit wäre, dies zu überprüfen, willigte er jedoch ein.

Wir stellten in der nächsten Sitzung fest, dass es ihm gelang, sich pro Zugfahrt circa fünf Folien einzuprägen. Wieder kam der Gedanke: »Fünf Folien – das lohnt sich doch nicht!« Wie sich aber herausstellte, war er in dieser Woche vier Mal die Strecke Fribourg-Bern hin- und zurückgefahren – insgesamt acht Zugfahrten. Das ergibt bei fünf Folien immerhin vierzig Folien! Er war erstaunt, als er feststellte, dass er für die Prüfung im schwierigsten Fach lediglich hundertzwanzig Folien zu lernen hatte – und er sich durch das Lernen während der Zugfahrten in drei Wochen den gesamten Stoff dieses Fachs bereits einmal gut durchsehen könnte.

Ein anderer Student der Gruppe meinte: »Beim Lernen mag das gelten – aber ich muss eine Arbeit schreiben. Ich brauche Zeit, um ›reinzukommen‹ – bei Arbeiten bringt das nichts!« Um seine These zu untermauern, erwähnte er ein »Produktivitäts-Buch«, in dem er gelesen habe, dass man für solch komplexe Tätigkeiten mehrstündige Blöcke reservieren müsse.

Aber auch beim Schreiben gilt: In zwanzig oder zehn Minuten lässt sich einiges machen! Du könntest:

- dir einige Stichworte notieren oder eine Mind-Map erstellen, um deine Gedanken zu sortieren.
- kurz recherchieren, um ein, zwei weitere Artikel zum Thema zu finden.
- zwei bereits geschriebene Seiten verbessern.

- einen Artikel lesen.
- dir ein paar Gedanken zur Struktur der Arbeit machen.

Aufschieber überlegen meist, warum sie etwas Großes nicht tun können, und kommen auf Gedanken wie: Es braucht Zeit, um in den Schreibprozess hineinzufinden, deshalb lohnen sich fünfzehn Minuten nicht.

Macher überlegen sich hingegen: Ich habe fünfzehn Minuten Zeit – wie könnte ich diese gewinnbringend einsetzen? Welcher kleine Schritt Richtung Ziel wäre möglich?

Stell dir die zweite Frage: Was wäre in einem Zeitraum von fünfzehn oder dreißig Minuten möglich und würde dich einen kleinen Schritt weiterbringen?

Wenn du dich darauf einlässt, wirst du sehen: Es sind nicht nur die kleinen Zeiträume, die sich aufsummieren – du wirst die großen Zeiträume aufgrund der Vorarbeit viel besser nutzen können.

Viele Buchkapitel sind nur so aus mir herausgesprudelt, weil ich mir irgendwann davor fünf bis zehn Minuten Zeit genommen hatte, um darüber nachzudenken, was ich als Nächstes schreiben möchte, und mir ein paar Stichworte oder Sätze auf dem Handy notiert habe.

Dieses Sprudeln erlebe ich selten, wenn ich ohne jede Vorarbeit den Laptop einschalte und auf den leeren Bildschirm starre.

Dass kurze Arbeitseinheiten effektiv sind, zeigt auch die Forschung zur Arbeitszeitbeschränkung. Boice (1989) stellte fest, dass viele wissenschaftliche Mitarbeiter an Universitäten glauben, nur größere Zeitfenster würden sich für das Schreiben eignen. Als er eine Gruppe von Mitarbeitern dazu anhielt, sich täglich nur einen kurzen Schreibblock von fünfzehn bis maximal sechzig Minuten zu reservieren, zeigte sich: Diese Gruppe schrieb deutlich mehr.

Auch eine neuere Studie von Höcker und Kollegen (2012) zeigt, dass Aufschieber produktiver werden, wenn ihre Arbeitszeit beschränkt wird.

Nimm Folgendes aus diesem Kapitel mit:

- Häufige, kurze Arbeitseinheiten von fünfzehn oder dreißig Minuten sind sehr effektiv. Überlege, was du in diesem Zeitraum erledigen könntest, und probiere es aus.
- Nutze kurze Arbeitseinheiten, um größere Vorhaben vorzubereiten. Du wirst sehen, dass du beispielsweise beim Schreiben einer Arbeit sehr viel besser vorankommst, wenn du dir irgendwann davor ein paar Einfälle notierst, kurz eine Mind-Map erstellst oder das bisher Geschriebene nochmals durchliest und verbesserst.
- Lass dich nicht von deinem schlechten Gewissen zu großen Versprechungen hinreißen. Du wirst sie nicht einhalten können! Gib ein kleines Versprechen ab, halte es ein und profitiere von einem kleinen Schub für dein Selbstwertgefühl.

Übung 3: Gib dir ein kleines Versprechen ab – und halte es
Deine Aufgabe für heute besteht aus drei Teilen.

Als Erstes gibst du dir ein kleines Versprechen und schreibst es auf. Zum Beispiel: Ich lerne heute fünfzehn Minuten für die Prüfung / Ich nehme mir fünfzehn Minuten Zeit, um die Anweisung für die anstehende Arbeit zu lesen etc. Du hast hier Platz, um dein Versprechen aufzuschreiben. Tu es jetzt gleich (Ja! Jetzt!):

____

____

____

____

____

Der zweite Schritt ist der schwierigste: Halte dein Versprechen ein. Tu es einfach. Falls es dir nicht gelingt, wiederholst du morgen die gleiche Übung mit einem noch kleineren Versprechen.

Wenn du dein Versprechen gehalten und gearbeitet hast, kannst du Schritt drei erledigen: Notiere hier, wie du dich nach der kurzen Arbeitseinheit gefühlt hast und welche Gedanken dir durch den Kopf gingen.

____

____

____

____

Und hier darfst du ankreuzen, wie nützlich diese Übung für dich war:

1	2	3	4	5
☐	☐	☐	☐	☐

BEGINNE NUR KURZ

Aufschieber sagen sich: »Nur noch kurz ..., dann fange ich richtig an!«

Macher sagen sich: »Ich fange kurz an!«

Wie wir im letzten Kapitel besprochen haben, nehmen sich Aufschieber jeweils Großes vor. Der ganze Tag oder zumindest der ganze Nachmittag soll mit Büffeln und Schuften verbracht werden.

Nun sitzt er da, der arme Aufschieber, und malt sich aus, wie anstrengend das wird, wie er sich wird quälen müssen! Vor diesem Kraftakt benötigt man unbedingt noch ein klein wenig Entspannung ... Aber nur kurz ...

Aufschieber haben große Probleme anzufangen. Wieso? Weil sie glauben, bis zur Erschöpfung arbeiten zu müssen. Sie erinnern sich an den Druck, der mit dem Arbeiten verbunden ist, das Büffeln bis zum Morgengrauen, an die letzte Seminararbeit, die unter Schlafentzug in drei Tagen geschrieben wurde. Kein Wunder, fällt der Einstieg so schwer.

Macher gehen die Sache locker an. Sie sagen sich: »Ich fange an und lerne zehn Minuten – wenn ich reinkomme, mache ich weiter, falls nicht, höre ich wieder auf.«

Merkst du, wie viel Druck mit so einer Einstellung von dir abfällt?

Sag dir diesen Satz laut vor: »Ich arbeite ein wenig – und wenn ich reinkomme, mache ich weiter. Falls nicht, darf ich wieder aufhören.«

Probiere es aus. Stell dir einen Wecker oder den Timer auf dem Handy auf zehn Minuten und beginne zu lernen. Wenn der Wecker klingelt, entscheidest du dich, ob du weitermachen oder abbrechen möchtest.

Manchmal wirst du nur zehn Minuten arbeiten – aber das sind zehn Minuten mehr als nichts. In zehn Minuten kann man ein Konzept erstellen, ein paar Gedanken festhalten, zwei Folien lernen etc. Zehn Minuten pro Tag sind mehr als eine ganze Stunde zusätzliches Arbeiten pro Woche. Zeit, die man normalerweise »vertrödelt« hätte. Natürlich kannst du mehrmals pro Tag einen Versuch starten.

Manchmal wirst du denken: »Ach ... einen Abschnitt lese ich noch ... das schreibe ich noch auf ... so früh gebe ich jetzt nicht auf« – und ohne es zu merken, hast du bereits ein, zwei Stunden mit produktiver Arbeit verbracht.

Indem du das Anfangen und das Weitermachen trennst, fällt es dir leichter, den Einstieg zu finden. Das Gefühl, von Arbeit erdrückt zu werden, nimmt ab und damit sinkt der Drang, die Anspannung durch Aufschieben zu reduzieren.

Gleichzeitig kannst du dir einen psychologischen Effekt zunutze machen, der bereits 1928 von Maria Ovsiankina untersucht wurde. Die Psychologin ließ Versuchspersonen nacheinander knifflige Aufgaben lösen. Bei einigen Aufgaben unterbrach die Forscherin die Versuchspersonen und forderte sie dazu auf, sich an einer neuen Aufgabe zu versuchen. Die Testpersonen wehrten sich dagegen. Einige wurden sogar wütend. Über 80% der Personen nutzten die Pause, um diese Aufgabe zu Ende zu bringen! Besonders erstaunlich: Dieser Drang konnte sogar beobachtet werden, wenn es sich um eine Aufgabe handelte, die die Versuchspersonen nur ungern machten und wenn die Versuchsleiterin verboten hatte, die Aufgabe weiter zu bearbeiten.

Die Erklärung: Wir Menschen möchten Angefangenes zu Ende bringen.

Schau, ob es dir ähnlich geht wie den Versuchspersonen, wenn der Wecker klingelt. Vielleicht steckt auch in dir diese leise Stimme, die dir zuflüstert: »Ich will das Kapitel fertig lesen.« »Lass mich den Abschnitt noch kurz zu Ende schreiben.«

Übung 4: Fange kurz an

Dein kleines Experiment für die nächsten Tage sieht wie folgt aus:

1. Setze dich an eine Aufgabe.
2. Stelle den Timer deines Handys auf zehn Minuten ein.
3. Drücke Start und lege gleich los. Arbeite diese zehn Minuten durch.
4. Wenn der Wecker klingelt, entscheidest du dich frei nach Laune, ob du noch etwas weiterarbeiten oder abbrechen willst.

Führe die Übung zwei, drei Mal durch und kreuze an, wie nützlich sie für dich ist:

1	2	3	4	5
☐	☐	☐	☐	☐

HÜTE DICH VOR DER FLOW-FALLE

Aufschieber werten sich und ihre Arbeit ab

Macher würdigen kleine Fortschritte

Aufschieber erzählen mir gerne von ihren Heldentaten:

- »Letztes Jahr habe ich eine Seminararbeit – das waren vierzehn Seiten – in zwei Nächten geschrieben!«
- »Abends um zehn Uhr habe ich schließlich begonnen für die Prüfung zu lernen. Bis zum Morgen habe ich durchgebüffelt, habe die Prüfung geschrieben – und bestanden!«

Aufschieber glauben, dass sie nur unter Druck wirklich effektiv sind und den nötigen Kick brauchen. Dann – so ihre Überzeugung – ist auch der Flow nicht weit.

Sie sind aber in dieser Einstellung nicht konsequent. Würden sie das wirklich glauben, wären sie keine Aufschieber, sondern strategische Minimalisten.

Diese Leute rechnen cool aus, wie viel Zeit sie benötigen, um mit dem Minimum durchzukommen, reservieren sich die notwendige Zeit und denken bis zum Tag X nicht mehr an die jeweilige Aufgabe.

Wenn ich Aufschiebern vorschlage, sich die drei letzten Tage vor Abgabe der Seminararbeit in ihrer Agenda zu reservieren und bis dahin nichts mehr für sie zu machen, ja überhaupt gar nicht mit ihr anzufangen, ernte ich jeweils heftigen Widerstand. »Sag mal, spinnst du?«, meinte einer ganz entrüstet. Dabei hatte er mir zwei Minuten zuvor erzählt, dass er bisher alle Seminararbeiten in den letzten zwei Tagen vor Abgabetermin geschrieben habe und nur unter Druck effektiv sei.

Das Warten auf den Druck wird teilweise erst spät in der Lernkarriere zum Problem – dann, wenn Prüfungen oder schriftliche Arbeiten zu umfassend werden, um die gesamte Arbeit in die letzten Tage vor die Deadline zu packen. Ein anderes Problem stellt zu große Freiheit dar: Wenn der Abgabetermin einer Arbeit selbst gewählt oder immer wieder verschoben werden darf, geraten Aufschieber in Teufels Küche.

Ich kenne Studierende, die bei ihrer Bachelor- oder Masterarbeit Jahre darauf gewartet haben, dass sich genügend Druck aufbaut.

In diesem Fall hast du nur eine Möglichkeit: Du musst lernen, auch dann zu arbeiten, wenn du nicht in Stimmung bist, und dich mit kleinen, hart erkämpften Fortschritten zufriedengeben.

Flow ist etwas Schönes. Das Problem dabei ist:

Aufschieber erklären den Flow zur Bedingung, um überhaupt arbeiten zu können. Sie sind oft nur mit hervorragenden Resultaten zufrieden. Es muss schon fließen, wenn man sich an die Arbeit macht. Die Vorstellung, dass man sich hinsetzt und an einem Nachmittag nur eine halbwegs gute Seite zustande gebracht hat, ist ihnen ein Gräuel. Aufschieber werten kleine Fortschritte sofort ab: »Nur eine Seite – und nicht einmal gut! Das lohnt sich doch nicht!«

Wenn du den Flow zur Bedingung oder zum Normalzustand erklärst, kommt dir alles andere armselig und unnütz vor.

Die Aufschieber, die mir von super effektiven Nacht-und-Nebel-Aktionen berichten, erzählen mir auch, dass sie sich nach einer normalen Arbeitseinheit mies fühlen und sich selbst abwerten.

Du kennst bereits den ersten Teil der Aufschieber-Falle: Das Aufschieben wird belohnt, weil du dich kurz erleichtert fühlst, sobald du dich entscheidest, etwas anderes zu tun. Sehen wir uns diesen Teufelskreis nochmals an:

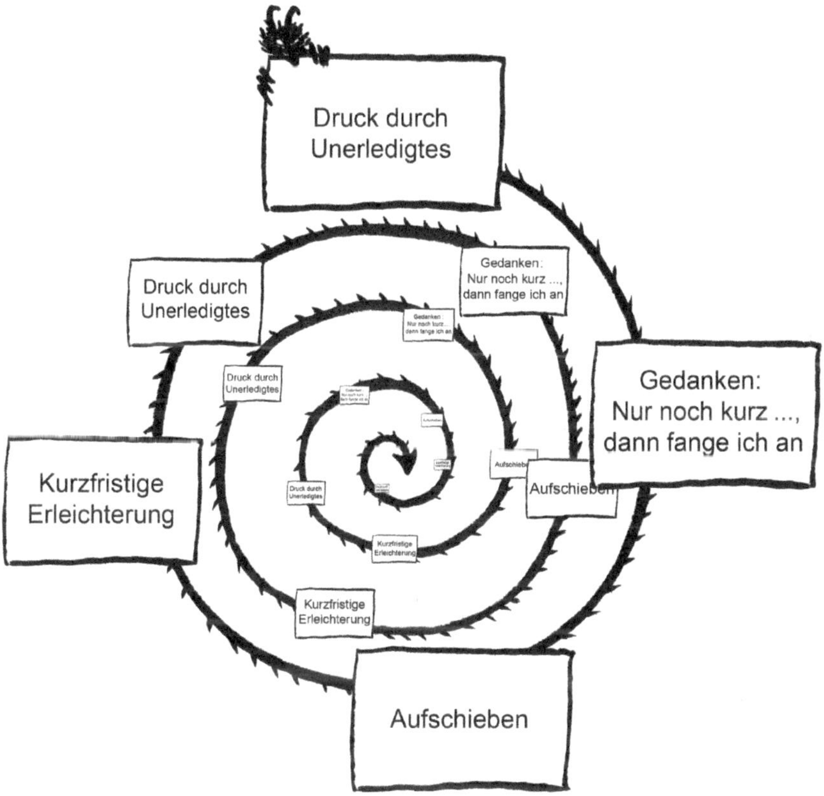

Der zweite Teil der Falle besteht darin, dass du dich abwertest, wenn du schließlich etwas tust:

Wenn du nach oder während des Lernens deine Leistung abwertest, sinkt dein Selbstvertrauen. Du fühlst dich während des Arbeitens unzulänglich und armselig. Gleichzeitig wird das Lernen entwertet – es erscheint sinn- und zwecklos. Mit der Zeit werden die inneren Widerstände, denen du dich gegenübersiehst, immer größer.

Durch die Brille der Lerntheorien betrachtet könnten wir sagen: Wenn du arbeitest, bestrafst du dich anschließend dafür. Die Lerntheorie der operanten Konditionierung (Lernen durch Belohnung und Bestrafung) würde nun voraussagen, dass dadurch das »Arbeitsverhalten« im Laufe der Zeit seltener auftritt. Schließlich will man doch nichts tun, wofür man regelmäßig bestraft wird (vgl. Bodenmann, Perrez & Schär, 2015).

Diese zwei Bestandteile der Aufschieber-Falle führen dazu, dass das Aufschieben die deutlich attraktivere Wahl darstellt. Aufschieber fühlen sich kurzfristig erleichtert, wenn sie nicht arbeiten – und dumm, klein und unfähig, wenn sie arbeiten.

Lass das nicht zu. Hör auf, so fies zu dir zu sein.

Natürlich haben auch äußerst produktive Menschen Tage, an denen sie kaum vorankommen und das Gefühl haben, festzustecken. Sie bleiben am Ball, weil sie denken: Nichts ist umsonst!

Damit verbunden sind einige Einsichten, die auch dir weiterhelfen können:

1. *Auch an schlechten Tagen kommst du weiter*
   Gut, der Text ist heute nicht aus dir herausgeflossen, du hast weniger gelernt, als du dir vorgenommen hast. Dennoch bist du vorwärtsgekommen. Mit zwei, drei schlechten Tagen kommst du gleich weit wie mit einem guten.

2. *Schlechte Tage machen gute Tage erst möglich!*
   Die schlecht geschriebene Seite ist oft die Voraussetzung dafür, später bei der Überarbeitung eine gute Seite schreiben zu

können. Auf den Tag, an dem man nicht weiterkam und sich blockiert gefühlt hat, folgt oft ein Aha-Erlebnis und ein anderer Tag, an dem es schnell und reibungslos vorwärtsgeht. Forscher sprechen dabei von einer Inkubationszeit, in der man sich mit einem Problem konfrontiert, nicht weiterkommt und dann – nachdem man etwas Distanz gewonnen und sich mit etwas anderem beschäftigt hat – plötzlich weiß, wie man vorgehen möchte. Diese Inkubationszeit und die darauffolgenden Flow-Erlebnisse gibt es aber nur, wenn du dich auf die Arbeit einlässt!

3. *Das Gefühl, das du während der Arbeit hast, kann täuschen*
Manchmal hat man Tage, an denen man sich schlicht und einfach schlecht fühlt und alles durch die schwarze Brille sieht. An solchen Tagen sitze ich vor dem Laptop, schreibe und denke bei jedem Abschnitt: »Das ist doch Mist!« Aber weißt du was? Am nächsten Tag sind es manchmal genau diese Passagen, die sich als besonders wertvoll herausstellen. Auf der anderen Seite habe ich – besonders am Abend und in der Nacht – oft ein Flow-Gefühl. Ich schreibe Abschnitt für Abschnitt und empfinde jeden Satz als gelungen. Am nächsten Morgen muss ich ernüchtert feststellen, dass viel heiße Luft darunter war. Es ist daher sinnvoll, wenn du weiterschreibst oder weiterlernst und die Bewertung auf später verschiebst.

Was ist für dich eine gute Lerneinheit? Wie lange musst du gearbeitet haben, wie viel musst du dabei erreicht haben, um zufrieden oder sogar stolz auf dich zu sein?

Falls du ein typischer Aufschieber bist, braucht es dazu sehr viel.

Diese hohen Ansprüche verhindern, dass du überhaupt anfängst. Sie lassen dich rasch aufgeben, wenn die Qualität nicht herausragend ist, und sie führen dazu, dass du dich als bemitleidenswerten, unfähigen Wurm fühlst, wenn du nicht gerade Höchstleistungen erbringst.

Mach dir bewusst, wie schwer es dir fällt, mit dem Lernen zu beginnen und:

- sei stolz darauf, dass du dich überwunden und überhaupt angefangen hast!
- gratuliere dir dazu, dass du eine Zeit lang drangeblieben bist!
- freue dich, dass du einen Schritt vorangekommen bist!

Je mehr es dir gelingt, beim Lernen für positive Gefühle zu sorgen und kleine Fortschritte zu würdigen, desto mehr nimmt der Druck ab – und desto besser wirst du darin, mit dem Lernen anzufangen und dranzubleiben!

Wie sehr sich kleine Fortschritte aufsummieren, verdeutlicht der folgende Gesprächsausschnitt mit Ralf:

Ralf: Es lief wieder gar nicht gestern. Ich bin den ganzen Nachmittag drangesessen und habe nur eine einzige Seite geschafft.
Fabian: Hm ... eine brauchbare Seite?
Ralf: Nicht einmal. Die Hälfte kann ich so stehen lassen, aber die andere muss ich nochmals überarbeiten. Ich komme einfach nicht voran!
Fabian: Wann musst du deine Bachelorarbeit abgeben?
Ralf: In sechs Monaten.
Fabian: Aha – und wie viele Seiten sollten es werden?
Ralf: So 40 ...
Fabian: Gut – wie viele Tage sind sechs Monate?
Ralf: Etwa 180.
Fabian: Rechne einmal 40 : 180 = ...
Ralf: Gibt circa 0,25, etwas weniger.
Fabian: Genau ... du müsstest pro Tag durchschnittlich 0,25 Seiten schreiben, damit du in sechs Monaten fertig bist.
Ralf: Krass – so habe ich mir das noch nie überlegt.

Fabian: Was schließt du daraus?
Ralf: Es ist nicht so viel?
Fabian: Es ist nicht viel, wenn du regelmäßig schreibst. Aber was passiert, wenn du dir sagst: Schon wieder nur eine halbe Seite geschafft, das lohnt sich doch nicht?
Ralf: Dann bin ich so frustriert, dass ich wieder eine Woche lang gar nichts mache.
Fabian: Also?
Ralf: Ja stimmt – wenn ich mit der halben Seite zufrieden bin und am nächsten Tag wieder eine halbe Seite schreibe, bin ich sehr gut in der Zeit!

Wie sieht es bei dir aus? Wie viel musst du pro Tag wirklich erreichen unter der Voraussetzung, dass du dranbleibst? Inwiefern gilt der Satz »Kleinvieh macht auch Mist« für dein Projekt?

Studierende sind immer wieder erstaunt, wenn wir diese Rechnung machen.

Um Ralfs Erkenntnis zu wiederholen: Aufschieber kommen nicht deshalb kaum vom Fleck, weil sie »nur« eine halbe Seite schreiben – sondern weil sie sich darüber dermaßen aufregen, dass sie sich danach eine Woche lang überhaupt nicht mehr an die Arbeit setzen.

Macher schreiben nicht mehr, freuen sich aber über das Resultat. Daher fällt es ihnen leicht, am nächsten Tag weiterzuschreiben.

Übung 5: Würdige deine Fortschritte

Deine Übung für heute lautet: Notiere ein paar Sätze, die du dir sagen könntest, um deine Fortschritte zu würdigen. Beende dazu die folgenden Aussagen:

Wenn ich mit dem Lernen begonnen habe, schenke ich mir ein wenig Anerkennung, indem ich mir sage:

Wenn ich eine Zeit lang drangeblieben bin, klopfe ich mir innerlich auf die Schulter, indem ich mir sage:

Wenn ich weitergemacht habe, obwohl es zäh lief, gratuliere ich mir zu meiner Hartnäckigkeit, indem ich mir sage:

Wenn ich ein kleines Etappenziel erreicht habe, würdige ich den Fortschritt, indem ich mir sage:

____

____

____

____

Achte darauf, ob es dir am nächsten Tag leichter fällt, mit der Arbeit zu beginnen, wenn du die Arbeit mit ein wenig Eigenlob abschließt. Das mag sich zunächst komisch anfühlen – aber nach einigen Tagen merkst du: Es stimmt! Ich komme wirklich voran, auch wenn ich jeden Tag nur kleine Fortschritte erziele.

Achte eine Woche lang auf deine Stimmung und deine Produktivität und kreuze an, wie wertvoll diese Übung für dich war:

1	2	3	4	5
☐	☐	☐	☐	☐

SCHREIBE EINE HAVE-DONE-LISTE

Aufschieber schreiben To-do-Listen

Macher schreiben Have-done-Listen

Viele Leute schwören auf To-do-Listen. Wie geht es dir damit? Mir geben solche Listen das Gefühl:

- Es ist total viel!
- Der Berg nimmt nicht ab!

Egal, wie viel ich erledige, es kommen ständig neue Punkte dazu. Die Liste scheint immer gleich lang zu bleiben (oder länger zu werden!).

Geht es dir auch so? Erschlägt es dich fast, wenn du siehst, was alles noch zu machen wäre? Erledigst du jeweils die einfachsten Punkte, um rasch ein paar Aufgaben abhaken zu können, und lässt die wichtigen Dinge anstehen? Ja?

Versuche es mit einer Have-done-Liste!

Übung 6: Notiere deine Fortschritte

Deine Übung für die nächsten drei Arbeitstage lautet: Schreibe alles auf, was du erledigt hast!

Zum Beispiel:

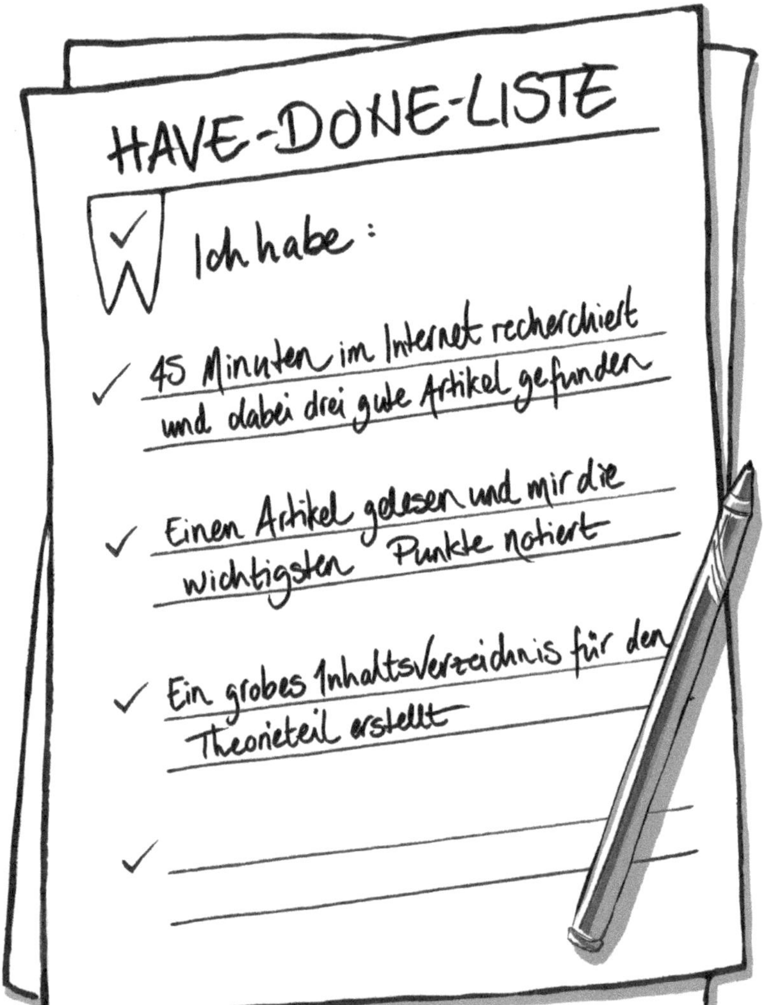

Jetzt bist du dran. Notiere dir in den nächsten drei Tagen nur, was du für dein Projekt getan hast.

Achte darauf, was mit deiner Stimmung passiert. Vielleicht merkst du, dass dir jeder neue Punkt auf der Liste einen kleinen Energieschub verpasst!

Nach drei Tagen darfst du wieder ankreuzen, ob die Übung hilfreich war:

1	2	3	4	5
☐	☐	☐	☐	☐

ARBEITE À LA CARTE

Aufschieber wissen nie, wo sie anfangen sollen

Macher beginnen irgendwo

»Ich weiß gar nicht, wo ich beginnen soll!«

Wie oft habe ich diesen Satz schon gehört …

Aufschieber pflegen aus dem richtigen Anfang eine Wissenschaft zu machen – als wäre es die alles entscheidende Frage, ob man zuerst das eine oder andere Fach lernt, zuerst ein grobes Konzept erstellt oder Literatur recherchiert.

Es gibt grobe Leitlinien, wie man eine Arbeit oder eine Prüfung am besten anpackt – diese wirst du im zweiten Teil des Buchs kennenlernen. Aber merke dir zuerst die folgenden Aussagen:

1. Auch der dümmste Anfang ist besser als kein Anfang.
2. Der Weg wird klarer, indem du ihn gehst.
3. Es reicht, wenn du eine einzige Aufgabe findest, die du lösen kannst.

Nehmen wir das Schreiben einer Arbeit als Beispiel. Natürlich ist zu Beginn eines solchen Projekts das Meiste unklar und du wirst – wie alle anderen auch – das Gefühl haben, im Dunkeln zu tappen und mit vielen Unsicherheiten kämpfen zu müssen.

In dieser Situation befassen sich Aufschieber mit den Fragezeichen und zählen auf, was sie alles nicht wissen.

Macher fragen sich hingegen, was sie wissen, wo sie sich bereits sicher fühlen und welche Schritte sie unternehmen können.

Stell dir vor, du musst eine Bachelorarbeit schreiben. Sofort stellen sich die ersten Unsicherheiten ein und du stellst dir eine Menge Fragen. Wichtig ist, dass du es nicht bei diesen Fragen belässt, sondern Antworten darauf suchst.

Aufschieber sagen sich:

»Ich weiß nichts über dieses Thema. Wie soll ich dazu nur fünfzig Seiten schreiben?« oder »Ich habe keine Ahnung, wie der Aufbau einer solchen Arbeit aussieht.«

Macher sagen sich:

»Ich weiß nichts über dieses Thema. Mal sehen, ob ich ein Buch finde, das den Forschungsstand zusammenfasst.« Oder:

»Ich habe keine Ahnung, wie der Aufbau einer solchen Arbeit aussieht. Zum Glück haben schon hunderte vor mir solche Arbeiten schreiben müssen. Ich schaue in der Bibliothek nach, ob ich Bachelorarbeiten von anderen Studierenden finde. Dann habe ich ein paar Beispiele, an denen ich mich orientieren kann.«

Weil Macher über ihre Unsicherheiten hinausdenken und sich mögliche Strategien überlegen, gelingt es ihnen rasch, irgendwo anzufangen. Es stört sie nicht, dass der größte Teil des Weges im Dunkeln liegt – Hauptsache, sie können ein paar Meter weit sehen und losmarschieren.

Eigne dir diese Strategie an und schreibe eine Liste, was du alles tun könntest. Es macht Spaß, daraus eine »Menü-Karte« zu erstellen mit zehn Aufgaben, die du bearbeiten kannst, um deinem Ziel näher zu kommen. Nehmen wir dazu an, du schreibst eine Menü-Karte für den Beginn deiner Bachelorarbeit:

Meine Menü-Karte
für die Bachelor-Arbeit

***

Ich kann :

1. Auf Amazon nach einem Überblicksband suchen, der den Forschungsstand zu meinem Thema zusammenfasst.
2. Auf Google Scholar nach Dissertationen zu diesem Thema suchen.
3. Mir mögliche Fragestellungen überlegen.
4. Mich mit den spezifischen Literatursuchprogrammen meines Fachgebiets vertraut machen.
5. Das Deckblatt entwerfen, damit ich später nur noch den Titel einfügen muss.
6. In der Bibliothek nach einigen guten Bachelorarbeiten suchen und mir deren Inhaltsverzeichnis kopieren, damit ich ein Gespür dafür bekomme, wie solche Arbeiten gegliedert werden.
7. Mir von einigen anderen Arbeiten die Fragestellungen und Hypothesen kopieren, damit ich mehr Sicherheit darin gewinne, wie man Fragestellungen und Hypothesen formuliert.
8. Mich mit den formalen Regeln vertraut machen.
9. Mich in das Programm zum Erstellen des Literaturverzeichnisses einarbeiten.
10. Einen Termin mit meinem Betreuer ausmachen, um mögliche Themenschwerpunkte zu besprechen.

***

Jeder dieser Schritte wird dich weiterbringen. Du kannst einen auswählen, der dir besonders sinnvoll erscheint – oder einfach denjenigen, der dir am leichtesten fällt oder am meisten Spaß macht!

Sobald du mit deinem Betreuer eine mögliche Fragestellung besprochen und ein Konzept beziehungsweise ein grobes Inhaltsverzeichnis erstellt hast, wird es noch einfacher. Automatisch ergeben sich weitere Punkte, die du angehen kannst. So musst du wahrscheinlich einen oder zwei Begriffe definieren. Oder du bist dir sicher, dass du zu einem bestimmten Unterthema ein Kapitel schreiben musst und dazu Literatur suchen könntest. Sobald du Literatur findest, könntest du diese lesen, dir einige Notizen machen oder bereits einen Entwurf für dieses Kapitel schreiben.

Der Trick mit der Menü-Karte funktioniert folgendermaßen:

1. Du schaust dir die Karte durch und pickst dir einen Punkt heraus, der dich anspricht.
2. Du erledigst die Aufgabe.
3. Du schreibst einen neuen Punkt auf.

Hast du beispielsweise auf Amazon einen guten Überblicksband zu deinem Forschungsgebiet gefunden und bestellt, könntest du diesen Punkt ersetzen durch:

1. Lies Kapitel XY des Überblicksbands

Die erledigte Aufgabe kannst du als vierten Schritt auf deine »Have-done-Liste« übertragen und dich ein wenig feiern.

Es ist sinnvoll, wenn die einzelnen Aufgaben nicht zu groß sind. Schreibe Punkte der Art »Lies den Artikel mit dem Titel ...«, »Suche Literatur zum Unterkapitel ...« auf. Es ist ideal, wenn du die Aufgabe in ein bis drei Stunden erledigen kannst.

Schreibe auch zwei bis drei Aufgaben auf, die du in wenigen Minuten abarbeiten kannst – damit du etwas Lohnenswertes zu tun hast, wenn in einer halben Stunde der Bus kommt.

Vielleicht fragst du dich, weshalb du jeweils die Punkte erledigen sollst, die dir am leichtesten fallen oder am meisten Spaß machen? Schließlich wird oft geraten, sich dem Schlimmsten zuerst zu widmen.

Ganz einfach:

1. Diese Strategie hilft dir dabei, überhaupt anzufangen.
2. Viele Aufgaben werden im Verlauf der Zeit klarer und fallen dir plötzlich leichter.
3. Der Druck kurz vor Abgabe und die Lust, dieses Ding endlich fertig zu kriegen, werden dir am Ende dabei helfen, die übrig gebliebenen schwierigen Punkte anzupacken.

Und nicht zuletzt führt die Frage »Welcher von diesen Punkten interessiert mich am meisten? Was fällt mir davon am leichtesten?« zu positiveren Gefühlen als die Frage »Was muss ich als Nächstes erledigen? oder »Was ist das Schlimmste?«

Diese Strategie funktioniert natürlich nicht nur beim Schreiben von Arbeiten, sondern auch beim Lernen. Du könntest dir Punkte aufschreiben wie »Kopiere den Foliensatz des Fachs ...«, »Besorge dir alte Prüfungen zu ...«, »Lerne das Kapitel xy«.

Übung 7: Schreibe dir deine eigene Menü-Karte

Notiere dir für dein Projekt – die Prüfungsvorbereitung oder eine schriftliche Arbeit – zehn Punkte, die dich einen Schritt vorwärtsbringen.

Achte in den folgenden Tagen darauf, ob die Menü-Karte es dir leichter macht, mit der Arbeit zu beginnen.

Viele Aufschieber machen mit dieser Form von Listen gute Erfahrungen, benötigen sie jedoch nur zu Beginn, um die Anfangshürden zu überwinden.

Vergiss nicht, nach einigen Tagen zu notieren, wie hilfreich die Menü-Karte für dich persönlich war:

1	2	3	4	5
☐	☐	☐	☐	☐

VERBRINGE DEIN LEBEN NICHT AUF DEM BEIFAHRERSITZ

Aufschieber warten auf die richtigen Umstände

Macher schaffen sich die richtigen Umstände

Wann immer sich Aufschieber an die Arbeit machen möchten, scheint sie irgendetwas daran zu hindern. Das zeigt sich in typischen Gedanken wie:

- »Ich kann so nicht arbeiten.«
- »Ich bin nicht in der richtigen Stimmung.«
- »Alleine zu Hause klappt es nicht.«
- »Die anderen in der Bibliothek machen mich nervös.«
- »Mist, ich habe das Buch vergessen, das ich für die Arbeit bräuchte.«

Wenn Aufschieber nicht in der richtigen Stimmung sind, wenn es zu laut ist oder wenn ein Buch fehlt, können sie nicht schlechter arbeiten, kommen sie nicht langsamer voran – sie können **überhaupt nicht** arbeiten.

Proust, der selbst jahrelang unter einer Schreibblockade litt, beschreibt in seinem Roman »Auf der Suche nach der verlorenen Zeit« einen jungen Mann, der sich zum Schriftsteller berufen fühlt, es aber leider nicht über sich bringt, sein Werk zu beginnen. In der folgenden Passage finden sich viele für Aufschieber typische Gedanken wieder. Achte beim Lesen auf die passive Sprache. Der Autor tritt kaum als handelndes Wesen auf, stattdessen macht er sich zum Spielball seiner Empfindungen und äußerer Umstände:

> *»Wäre ich weniger entschlossen gewesen, mich endgültig an die Arbeit zu begeben, hätte ich vielleicht einen Vorstoß gemacht, gleich damit anzufangen. Da aber mein Entschluss in aller Form gefasst war und noch vor Ablauf von vierundzwanzig Stunden in dem leeren Rahmen des morgigen Tages meine guten Vorsätze leichthin sich verwirklichen würden, war es besser, nicht einen Abend, an dem ich weniger gut aufgelegt war, für den Beginn zu wählen, dem die folgenden Tage, ach! sich jedoch leider ebenfalls nicht günstiger zeigen sollten. Aber ich riet mir selbst zur Vernunft. Von dem, der Jahre gewartet hatte, wäre es kindisch gewesen, wenn er nicht noch einen Aufschub von drei Tagen ertrüge. In der Gewissheit, dass ich am übernächsten Tage bereits ein paar Seiten geschrieben haben würde, sagte ich meinen Eltern nichts von meinem Entschluss; ich wollte mich lieber noch ein paar Stunden gedulden und dann meiner getrösteten und überzeugten Großmutter das im Fluss befindliche Werk vorweisen. Unglücklicherweise war der folgende Tag auch nicht der den Dingen zugewendete, aufnahmebereite, auf den ich fieberhaft harrte. Als er zu Ende gegangen war, hatten meine Trägheit und mein mühevoller Kampf gegen gewisse innere Widerstände nur vierundzwanzig Stunden länger gedauert. Und als dann nach mehreren Tagen meine Pläne nicht weiter gediehen waren, hatte ich nicht mehr die gleiche Hoffnung auf baldige Erfüllung, aber daraufhin auch weniger das Herz, dieser Erfüllung alles andere hintanzustellen: Ich fing wieder an, nachts lange aufzubleiben, da ich nicht mehr, um mich des Abends zu frühem Schlafengehen zu zwingen, die feste Voraussicht des am folgenden Morgen begonnenen Werkes*

in mir fand. Ich brauchte, bevor mein Schwung wiederkehrte, mehrere Tage der Entspannung, und das einzige Mal, als meine Großmutter in sanftem, traurig enttäuschtem Ton einen leisen Vorwurf in die Worte kleidete: ›Nun? Diese Arbeit, an die du gehen wolltest – ist davon keine Rede mehr?‹, war ich böse auf sie, überzeugt, dass sie, in Unwissenheit darüber, dass mein Entschluss unwiderruflich gefasst war, seine Ausführung noch einmal und diesmal auf lange Zeit vertagt habe infolge der enervierenden Wirkung, die ihre Verkennung auf mich ausübte und in deren Zeichen ich mein Werk nicht beginnen wollte. Sie spürte, dass sie mit ihrer Skepsis unbewusst einen Entschluss empfindlich getroffen hatte. Sie entschuldigte sich und küsste mich mit den Worten: ›Verzeih mir, ich sage bestimmt nichts mehr.‹ Damit ich den Mut nicht verlöre, versicherte sie mir, sobald ich mich richtig wohl fühle, werde sich die Arbeitslust ganz von allein einstellen.«

(Proust, III, S. 202–203, zitiert nach Rückert, 2014)

Mach es anders. Harre nicht fieberhaft auf gute Tage. Warte nicht darauf, dass sich »die Arbeitslust von ganz allein einstellt«. Träume nicht von »sich im Fluss befindlichen Werken«.

Sage dir:

- »Ich beginne jetzt.«
- »Ich stelle die Umstände her, die ich brauche.«
- »Ich bringe mich in Stimmung.«
- »Wenn ich nicht in Stimmung komme, finde ich einen Weg, das Notwendige trotzdem zu tun!«

Alles wird einfacher, wenn du mehr Verantwortung übernimmst für deine Gefühle, deine Arbeitshaltung und die Umstände, in denen du dich befindest.

Schlage deinen Tag nicht mit Grübeleien, Ablenkungen und großen Plänen tot. Lege dir stattdessen nützliche Strategien zurecht.

Diese Gedanken lassen dich aufschieben:	Mit solchen Gedanken überwindest du Hindernisse:
„Ich weiß nicht, was ich schreiben soll. Ich bin total blockiert!“	„Ich weiß gerade nicht, wie ich weiterschreiben soll. Was würde mir helfen? Hm … nach einem Spaziergang kommen mir oft gute Ideen.“
„Ich verstehe das nicht! Das hat doch alles eh keinen Zweck!“	„Diese Stelle verstehe ich nicht. Ich setze ein Fragezeichen an den Rand und frage morgen Tobias. Ich wechsle mal das Fach.“
„Statistik checke ich einfach nicht! Das schaffe ich nie! Ich weiß gar nicht, wie ich vorgehen soll!“	„Statistik fällt mir schwer – für dieses Fach benötige ich einen Lernpartner, mit dem ich mich regelmäßig treffe. Laura hat auch Mühe – vielleicht kommen wir zusammen weiter?“
„Ich kann hier nicht lernen!“	„Wo kann ich am besten lernen?“
„Ich bin nicht in Stimmung!“	„Ich bin nicht in Stimmung. Ich beginne mit einem kleinen und einfachen Punkt auf meiner Menü-Karte.“

Die meisten Studierenden fühlen sich von Zeit zu Zeit blockiert, verstehen Textstellen nicht, haben Mühe mit Fächern und sind ab und zu nicht in Stimmung. Lerne damit umzugehen – mit der nächsten Übung.

Übung 8: Schaffe dir die richtigen Umstände

Die folgenden Fragen sollen dich zum Nachdenken einladen. Notiere Strategien und Gedanken, die dir in dieser Situation helfen könnten. Bei den ersten drei Fragen habe ich einige meiner eigenen Strategien als Beispiele angefügt. Vielleicht helfen dir diese – dann darfst du sie gerne kopieren. Falls nicht, bin ich mir sicher, dass du etwas Passenderes findest. Ach ja: Du musst nicht in der richtigen Stimmung sein, um diese Übung zu machen.

Was kann ich tun, wenn ich mich beim Schreiben blockiert fühle und nicht weiterkomme?

- Fünfzehn oder zwanzig Minuten spazieren gehen.
- Eine Aufgabe angehen, die keine Kreativität erfordert und mich dennoch vorwärtsbringt – beispielsweise das Literaturverzeichnis nachtragen, einen Artikel lesen oder eine bereits verfasste Textstelle überarbeiten.
- ______________________________

  ____
- ______________________________

  ____

Was kann ich tun, wenn ich nicht in Stimmung bin?

- Den Lernort wechseln.
- Mit jemandem zusammen lernen.
- Mir sagen: »Okay, du bist nicht in Stimmung. Fang trotzdem an. Stell den Wecker, beginne mit etwas Einfachem und bleibe mindestens fünfzehn Minuten dran.«
- ______________________________

- ______________________________

  ____

Was könnte ich tun, wenn ich wichtige Bücher und anderweitiges Material vergessen habe, das ich benötige, um weiterzuschreiben?

- Im Internet oder in der Bibliothek nach weiteren Artikeln oder Fachbüchern recherchieren.
- Neue Artikel herunterladen und lesen, Notizen machen.
- Einen bereits geschriebenen Text auf Grammatik- und Stilfehler hin überprüfen und kleine Verbesserungen anbringen.
- ______________________________

  ____
- ______________________________

  ____

Was könnte ich auch dann erledigen, wenn ich nur wenig Zeit habe?

- ______________________________

  ____
- ______________________________

  ____

Unter welchen äußeren Bedingungen kann ich am besten arbeiten und was kann ich tun, um diese aktiv herzustellen?

- ▶ ______________________________

  ____

- ▶ ______________________________

  ____

- ▶ ______________________________

  ____

Und, konntest du dir weiterhelfen? Wie nützlich waren die Übung und deine Ideen?

1	2	3	4	5
☐	☐	☐	☐	☐

STELL DICH DEINEN DÄMONEN

Aufschieber versuchen Frust zu vermeiden

Macher lassen negative Gefühle zu

Aufschieber haben falsche Vorstellungen davon, wie es anderen Studierenden ergeht. Schießen dir auch Gedanken der folgenden Art durch den Kopf?

- »Denen fällt alles viel leichter!«
- »Die wissen immer, was sie schreiben wollen.«
- »Denen bereitet es keine Schwierigkeiten, stundenlang in der Bibliothek zu sitzen.«
- »Die checken alles viel schneller als ich!«

Nun, das stimmt nicht.

Als ich noch an der Universität Fribourg gearbeitet habe, habe ich mehrere Bachelor- und Masterarbeiten betreut. Und weißt du was? Auch die fähigsten Studierenden hatten Krisen, Blockaden, Selbstzweifel. Sie standen ab und zu aufgelöst in meinem Büro, weil sie nicht mehr weiterwussten und das Gefühl hatten, von den Anforderungen überwältigt zu werden.

Solche Arbeiten sind anspruchsvoll. Sie sind umfangreich und verlangen komplexe Fertigkeiten in verschiedenen Bereichen, die Studierende im Laufe der Arbeit oft erst erwerben müssen.

Probleme gehören dazu, Krisen werden immer wieder auftauchen und ab und zu musst du vielleicht sogar ein paar Tränen vergießen. Wie du mit Krisen umgehst, entscheidet, ob du daran wachsen kannst und deine Ziele erreichst oder vorschnell aufgibst.

Bei Aufschiebern sehe ich zwei ungünstige Strategien im Umgang mit Blockaden:

- Vermeiden
- Selbstgeißelung

Du hast in früheren Kapiteln bereits erfahren, dass du durch das Aufschieben Erleichterung erfährst, wodurch das Vermeiden belohnt wird.

Den zweiten Punkt möchte ich in diesem Kapitel etwas genauer beschreiben.

Manche Aufschieber gehen ausgesprochen hart mit sich ins Gericht und versuchen sich durch eine brutale, fast schon gewalttätige innere Ansprache anzutreiben.

Simon meinte im Seminar: »Ich brauche einfach einen gehörigen Arschtritt. Den versuche ich mir selbst zu geben, aber es funktioniert selten. Ich sage mir: Jetzt leg endlich los, du faule Sau! Mach was, du blöder Sack!«

Barbara erging es ähnlich. Sie hatte die strenge und mahnende Sprache ihrer Mutter verinnerlicht und versuchte ihrer »Faulheit« mit Härte beizukommen: »Du bist drecksfaul. So wird nie etwas aus dir! Du bringst es nicht! Jetzt setz dich hin und mach etwas. Wie viele Jahre deines Lebens willst du noch vergeuden?«

Manche Aufschieber beschreiben mir dieses Vorgehen als sinnvoll. Es helfe ihnen dabei, sich zu motivieren.

Ich kann dies teilweise nachvollziehen. Die Wut auf sich selbst und die Welt, die dabei entsteht, führt zu einer gewissen Aktivierung und kann das lähmende Gefühl der Hilflosigkeit zeitweise reduzieren.

Sieht man jedoch genauer hin, stellt sich diese Strategie als sehr ungünstig heraus.

Die Studierenden, die so mit sich verfahren, kommen kaum zum Arbeiten. Die Annahme, sich auf diese Weise antreiben zu können, stellt sich als Illusion heraus. Allerdings geschehen zwei Dinge fast mit Sicherheit:

- Die Arbeit wird unangenehmer.
- Die massive Selbstabwertung, mit der sich Aufschieber antreiben und abstrafen, schadet mit der Zeit dem Selbstwertgefühl.

Bevor ich dir zeige, wie du einen weiteren Schritt in die richtige Richtung machen kannst, möchte ich dich gerne dazu anregen, über die folgenden Fragen nachzudenken:

- Wie gehst du mit dir selbst um, wenn du auf Schwierigkeiten stößt?
- Neigst du zu einem strafenden, harten und verurteilenden Ton?
- Falls ja: Hilft dir das tatsächlich dabei, erfolgreich zu lernen?

Manche Aufschieber fürchten sich davor, gar nichts mehr zuwege zu bringen, wenn sie sich nicht auf diese Weise antreiben. Ich kann dich beruhigen. Wie ein Forscherteam der Carlton-Universität herausfand, ist genau das Gegenteil der Fall: Aufschieber, die sich selbst verzeihen konnten, schoben zum zweiten Messzeitpunkt weniger auf (Wohl, Psychl & Bennett, 2010). Die Autoren der Studie gehen davon aus, dass Schuldgefühle und Selbstvorwürfe dazu führen, dass die Aufgabe – das Lernen oder das Schreiben einer Arbeit – aversiver wird. Dadurch wächst der Wunsch, diese furchtbare Sache aufzuschieben.

Vergeben sich Studierende jedoch selbst, können sie sich besser auf die vor ihnen liegende Aufgabe konzentrieren und sich ihr ohne Schuldgefühle widmen.

Darf ich dich dazu einladen, zumindest einen Versuch zu machen und die Strategie auszuprobieren?

Reagiere bei der nächsten Krise oder Blockade nicht mit Selbstvorwürfen, Härte und Mahnungen, sondern indem du deine Gefühle akzeptierst, dich selbst ermutigst und dich durch konkrete Anweisungen motivierst.

Akzeptiere deine Gefühle

Wenn wir uns Gefühle bewusst machen und sie akzeptieren, geschieht etwas Spannendes: Ihre Intensität nimmt ab und wir können uns überlegen, wie wir damit umgehen wollen.

Studien zeigen, dass alleine das Benennen eines Gefühls positive Effekte hat. Was dabei genau im Gehirn vor sich geht, haben Lieberman und sein Team erforscht. Wenn wir gestresst sind, Angst haben oder uns ärgern, ist besonders ein Bereich des Gehirns, die Amygdala, aktiviert. Sobald wir uns sagen: »Ich habe Angst« oder »Das ärgert mich«, nimmt – wie sich mit bildgebenden Verfahren zeigen lässt – die Aktivierung in der Amygdala ab und diejenige im präfrontalen Kortex, dem Sitz des bewussten Denkens, zu. Damit gewinnen wir Distanz zu und Kontrolle über unsere Emotionen und können uns überlegen, wie wir weiter vorgehen möchten (vgl. Lieberman et al., 2007).

Noch effektiver ist es, wenn wir unsere Gefühle und Gedanken aufschreiben. Zu diesem Resultat kommen mehrere Studien zum expressiven Schreiben (Kacewicz, Slatcher & Pennebaker, 2007; Baikie & Wilhelm, 2005; Horn & Mehl, 2004; Lepore & Smyth, 2002).

Bei diesen Studien wurden Versuchspersonen angewiesen, zehn bis fünfzehn Minuten über ein belastendes Thema zu schreiben. Dabei sollten sie innerlich loslassen und alles aufschreiben, was sie fühlen und denken. Obwohl die Teilnehmer in den meisten Studien lediglich drei- bis fünfmal eine Viertelstunde lang schrieben, zeigten sich erstaunliche Veränderungen. Es ergaben sich positive Effekte auf die Gesundheit wie zum

Beispiel eine Abnahme von Arztbesuchen oder von Bluthochdruck. In einer Studie konnte dieser Effekt sogar über ein Jahr nach dem Experiment noch nachgewiesen werden (Pennebaker, Barger & Tiebout, 1989).

Aber nicht nur das: Bei Studierenden, die an diesem Experiment teilnahmen, verbesserten sich die Noten und Arbeitslose fanden rascher eine neue Stelle (vgl. Pennebaker, 1997; Pennebaker & Francis, 1996; Spera, Buhrfeind & Pennebaker, 1994).

Wenn du das nächste Mal feststeckst, nicht weiterkommst und der Verzweiflung nahe bist, kannst du Folgendes tun: Nimm ein leeres Blatt Papier oder öffne auf dem Laptop ein neues Dokument und schreibe alle deine Zweifel und Unsicherheiten auf. Achte nicht auf deine Ausdrucksweise, sondern schreib wild drauflos. Zum Beispiel so:

So ein Kack! Man! Du bist so ein Loser! Warum musst du immer zu spät anfangen? Gott ich bin so am A... Das krieg ich doch nie mehr hin. Ich würde am liebsten anfangen zu flennen und alles hinschmeißen. Wie ich das hasse! Ich bin so ein jämmerlicher Lappen! ...

Wenn du deine Sorgen und deine negativen Gedanken festgehalten hast, fällt es dir leichter, sie loszulassen.

Vielleicht merkst du auch, wie einige deiner Sorgen ihre Kraft verlieren. Wenn ich Aufschieber im Seminar gebeten habe, alles aufzuschreiben, was ihnen durch den Kopf geht, stellen sie oft fest: Ganz so schlimm und aussichtslos ist es nicht.

Wenn du deine momentanen Gefühle und Sorgen akzeptierst, kannst du dich auch fragen, wie du darauf reagieren möchtest. Du könntest dir selbst Fragen stellen wie:

- Okay, du bist gestresst ... Was ist wirklich wichtig?
- Du hast null Bock, dich an die Arbeit zu machen. Gibt es etwas Einfaches, mit dem du einsteigen könntest?

- Du bist total sauer auf dich, weil du gestern nichts gemacht hast. Das hilft dir nicht weiter. Was kannst du heute tun?

Ermutige dich

Sei ein wenig netter zu dir! Du würdest doch nicht davon ausgehen, dass du deine Freunde oder später deine Kinder motivieren kannst, indem du sie ständig zusammenstauchst?

Du darfst auch mit dir freundlicher umgehen. Gerade dann, wenn du dich gestresst fühlst. Du könntest dir sagen:

- Du bist gestresst. Aber du hältst das aus. Komm, setz dich trotzdem hin und fange an – und vergiss nicht, ein wenig stolz auf dich zu sein, wenn du dreißig Minuten dranbleibst.
- Es ist in Ordnung, wenn du dich unsicher fühlst. So eine Arbeit ist nicht einfach zu schreiben. Konzentriere dich auf das, was heute machbar ist. Es reicht, wenn du einen kleinen Schritt vorankommst!

Gib dir konkrete Anweisungen

Aufschieber fühlen sich auch deshalb hilflos, weil ihre Selbstanweisungen vage und richtungslos sind.

Sie schreien sich in Gedanken Anweisungen zu wie:

- »Jetzt schreib diese verdammte Arbeit!«
- »Mach vorwärts!«
- »Du musst heute endlich ranklotzen!«

Stell dir vor, du würdest das zu jemand anderem sagen, vielleicht einem Mitarbeiter. Du baust dich drohend vor ihm auf und schreist: »Tu was! Mach das Projekt fertig!«

Der wäre zwar eingeschüchtert und möchte der Aufforderung unbedingt nachkommen – aber er hätte keine Ahnung, was er tun soll. »Mach das Projekt fertig!«, »Schreib deine Arbeit!« – solche Anweisungen kann man nicht umsetzen. Es fehlt die Richtung.

Dein Mitarbeiter könnte sich viel rascher an die Arbeit machen, wenn du ihm sagst: »Bis am Mittag haben Sie die wichtigsten Ziele des Projekts X auf einer A4-Seite zusammengefasst und dazu zwei Power-Point-Folien gestaltet.«

Du selbst würdest dich weniger hilflos fühlen, wenn du deine Menü-Karte (siehe Kapitel »Arbeite à la carte«) hervornimmst und dir sagst: »Bis um vierzehn Uhr erledigst du Punkt neun!«

Übung 9: Gehe durch schwierige Gefühle hindurch

Diese Aufgabe ist anspruchsvoll. Sie hilft dir, dich schwierigen Gefühlen zu stellen und trotz innerer Widerstände mit der Arbeit zu beginnen.

Bist du bereit, du Tapfere/r, Entschlossene/r, du? Dann begebe dich ins Tal der Finsternis:

1. Setz dich an eine Aufgabe, die dir besonders schwerfällt.
2. Lass alle Gefühle und Gedanken hochkommen, die diese Arbeit in dir auslöst.
3. Lass diese Gefühle und Gedanken zu, ohne dich dagegen zu wehren, davor zu fliehen oder dich abzulenken. Wenn du möchtest, kannst du alles aufschreiben, was du fühlst und denkst.
4. Versuche, einige Minuten bei dieser Aufgabe zu bleiben und daran zu arbeiten – auch wenn du dich dabei hilflos oder dumm fühlst oder dich über die Aufgabe ärgerst.

Führe die Aufgabe zwei- bis dreimal durch und lass den Effekt auf dich wirken. Danach darfst du wieder ein Kreuzchen setzen:

1	2	3	4	5
☐	☐	☐	☐	☐

BEFREIE DICH VOM SOLLEN UND MÜSSEN

Aufschieber sollten und müssten

Macher möchten und machen

Aufschieber verwenden bei Gesprächen und in Gedanken erstaunlich oft den Konjunktiv:

- Ich müsste diese Arbeit schreiben
- Ich sollte mit dem Lernen beginnen
- Diese Strategie könnte ich mal ausprobieren

Wann immer du etwas im Konjunktiv formulierst, heißt das:

Ich könnte/müsste/sollte, *aber ich mache es nicht*!

Ich werde ein schlechtes Gewissen haben, mich fragen, warum ich es nicht mache, mich beschwören, erklären, beruhigen – aber machen werde ich es nicht.

Therapeuten verdeutlichen das gerne auf die folgende Weise:

Therapeut: »Ihre Aufgabe auf die nächste Sitzung wäre Folgendes ...«
Klient: »Das könnte ich mal versuchen.«
Therapeut: »Hm ... Könnten Sie mal versuchen, diesen Stift hochzuheben?«
Klient: »Hä?«
Therapeut: »Ja, könnten Sie *versuchen*, den Stift hochzuheben?«
Klient hebt den Stift hoch
Therapeut: »Jetzt haben Sie es getan – könnten Sie es bitte einmal nur *versuchen*?«
Klient: »Aha ...«
Therapeut: »Werden Sie die Hausaufgabe machen oder nicht?«

Du kannst versuchen, ein bestimmtes Ergebnis zu erreichen. Aber wenn es darum geht, eine bestimmte Handlung auszuführen, dann kannst du dich nur entscheiden, ob du es tust oder lässt.

Streiche den Konjunktiv aus deinem Wortschatz! Überlege dir, was du tun könntest und möchtest, formuliere ein konkretes Ziel und tu es.

Konjunktiv	Indikativ
Ich könnte heute mit der Literatursuche beginnen.	Ich werde mir heute drei Studien zum Thema suchen.
Ich sollte Statistik lernen.	Ich treffe mich am Nachmittag mit Thomas, um den T-Test anzuschauen und ein paar Aufgaben dazu zu lösen.
Morgen müsste ich wirklich mit dem Lernen beginnen!	Ich werde morgen von 10 bis 13 Uhr in der Bibliothek lernen und mir den Nachmittag frei nehmen!

Jedes Mal, wenn du die Wörter »müsste, sollte, könnte« aussprichst oder denkst, wirst du:

- dich müder, schlaffer und schwächer fühlen.
- ein wenig Selbstvertrauen einbüßen, weil du wieder nicht machst, was du dir vornimmst.
- dich mit Gründen beschäftigen, weshalb du jetzt gerade doch nicht tun kannst, was du dir vorgenommen hast.

Der Konjunktiv ist die Sprache der Zauderer, Zweifler und Schwächlinge. Gewöhne ihn dir ab. Mit der folgenden Übung:

Übung 10: Konjunktiv-Alarm

Achte heute auf deine Worte und Gedanken. Jedes Mal, wenn du dich dabei erwischst, wie du »müsste«, »sollte« oder »könnte« denkst oder sagst, setzt du dich sofort hin und schreibst auf, was du tun wirst.

Achte darauf, dass es machbar ist. Erledige lieber eine kleine Aufgabe in der Realität und im Hier und Jetzt als eine große in deinen Tagträumen oder in der Zukunft.

Hast du gerade gedacht »Hm ... das könnte ich mal machen« und bist gerade im Begriff weiterzublättern? Erwischt!

Wenn du die Übung gemacht hast ... du weißt schon:

1	2	3	4	5
☐	☐	☐	☐	☐

BEHINDERE DICH NICHT SELBST, NUR UM KLUG ZU WIRKEN

Macher wissen, dass sie hier sind, um etwas zu lernen

Aufschieber sind so darauf bedacht, klug zu wirken, dass sie kaum dazulernen

Was entscheidet über Erfolg und Misserfolg? Sind es angeborene, unveränderbare Eigenschaften wie Intelligenz und Talent? Oder ist Erfolg eine Folge von Anstrengung, Übung und der richtigen Strategie?

Wie Carol Dweck (2009) in mehreren Studien zeigen konnte, spielt es für deinen Erfolg vor allem eine Rolle, wie du persönlich darüber denkst. Menschen, die viel Wert auf Talent und Intelligenz legen und glauben, dass Erfolg in erster Linie von unveränderbaren Persönlichkeitseigenschaften abhängt, haben nach der Professorin ein statisches Selbstkonzept.

Menschen, die glauben, dass sich Fertigkeiten lernen lassen und sich der Mensch durch Anstrengung und Übung entwickeln und verändern kann, haben ein dynamisches Selbstkonzept.

Je nachdem, welches Selbstkonzept wir haben, gehen wir anders mit Erfolg und Misserfolg um.

Je mehr wir glauben, dass Erfolg und Misserfolg davon abhängt, wer wir sind, desto bedrohlicher werden Prüfungen, Vorträge und Arbeiten.

Menschen mit einem statischen Selbstkonzept können sehr schlecht mit Misserfolgen umgehen. Glauben Studierende beispielsweise, dass der Prüfungserfolg von ihrer Intelligenz abhängt, geben sie nach einem Misserfolg eher auf. Sie haben das Gefühl, zu dumm für das betreffende Fach zu sein, und wechseln das Studienfach oder brechen das Studium sogar ganz ab.

Menschen mit einem dynamischen Selbstkonzept reagieren auf Misserfolge, indem sie sich überlegen, was schieflief und was sie in Zukunft anders machen könnten. Nach einer nicht bestandenen Prüfung stellen sie sich Fragen der folgenden Art:

- Kann ich mich besser informieren, wie geprüft wird und was ich wissen muss?
- Könnte ich früher mit der Vorbereitung beginnen?
- Gibt es Strategien, die mir dabei helfen könnten, die Prüfung besser vorzubereiten?
- Was hat bei dieser Prüfung gefehlt? Habe ich den Stoff nicht genau genug gelernt? Waren Inhalte Prüfungsstoff, die mich überrascht haben? Habe ich bestimmte Aufgabentypen nicht verstanden? Was muss ich bezüglich der Vorbereitung das nächste Mal anders machen?

Weil diese Studierenden glauben, dass Erfolg und Misserfolg von ihrem Verhalten abhängt, denken sie darüber nach, was sie tun könnten, um erfolgreicher zu werden. Dadurch schaffen sie es deutlich häufiger, im zweiten Anlauf erfolgreich zu sein.

Bei Aufschiebern lässt sich oft beobachten, dass sie sehr viel Wert auf Talent und Intelligenz legen.

Aus diesem Grund sehen sie Prüfungen und Arbeiten als Test ihres Könnens und ihrer Person. Sie gehen nicht davon aus, dass sie an der Uni sind, um das Schreiben einer Arbeit zu lernen, und es daher hilfreich ist, sich Rückmeldungen einzuholen, Hilfe in Anspruch zu nehmen, sich Rat zu holen und Vorlagen zu besorgen.

Vielmehr denken sie darüber nach, ob sie bereits gut schreiben können. Sie wollen alles alleine schaffen und glauben, sich mit ihrer Arbeit etwas beweisen zu müssen.

Die Angst, dumm zu wirken, kann so weit gehen, dass Aufschieber das Aufschieben als Strategie nutzen, um sich und anderen zu beweisen, wie intelligent sie sind (Beck, Koons & Milgrim, 2000; Ferrari & Tice, 2000). In der Psychologie werden solche Strategien als self-handicapping bezeichnet – als Selbst-Behinderung.

Self-handicapper prahlen beispielsweise damit, wie wenig sie für eine Prüfung gelernt haben. Sie lernen tatsächlich oft sehr wenig, um eine Situation herzustellen, die nur die folgenden zwei Schlüsse zulässt:

- Wenn jemand so wenig gelernt hat, kann man nicht erwarten, dass er/sie die Prüfung schafft. Falls ich es nicht schaffe, liegt es daran, dass ich kaum gelernt habe.
- Sollte ich die Prüfung trotzdem bestehen, spricht dies dafür, dass ich ausgesprochen intelligent sein muss.

Im Seminar meinte ein Student zu mir: »Weißt du, Fabian, ich gebe immer nur halbe Kraft – dann kann ich mir sagen, dass ich es noch viel besser gekonnt hätte, sofern ich das gewollt hätte.«

Für manche Aufschieber wird es so wichtig, das Bild von sich als intelligentem Menschen zu bewahren, dass sie dafür erhebliche Nachteile in Kauf nehmen und deutlich hinter ihren Möglichkeiten zurückbleiben. Wie schade.

Wirklich klug und kompetent wirst du nicht, indem du den Schein wahrst, sondern indem du klug handelst. Das bedeutet: Ausprobieren, Fehler machen, üben, Rückmeldungen einholen und dranbleiben, bis du es besser kannst.

Übung 11: Legst du zu viel Wert darauf, klug zu wirken?
Denk heute kritisch über die folgenden Fragen nach:

- Messen Prüfungen wirklich die Intelligenz?
- Wovon hängt es – außer Intelligenz und Begabung – sonst noch ab, ob man Erfolg hat?
- Will ich unter meinen Möglichkeiten bleiben, nur um klug zu wirken?

Und, hat es dir etwas gebracht, über diese Fragen nachzudenken?

1	2	3	4	5
☐	☐	☐	☐	☐

HOLE DIR FEEDBACK EIN

Aufschieber fürchten sich davor, nicht gut genug zu sein

Macher fragen, was noch nicht gut ist – und bessern nach

Manchmal versteckt sich hinter dem Aufschieben die Angst zu versagen.

In diesem Fall dient das Aufschieben dazu, Aufgaben aus dem Weg zu gehen, die Ängste wecken, mit Unsicherheit verbunden sind oder eine Bedrohung für das eigene Selbstwertgefühl darstellen.

Die Angst vor Misserfolgen kann – wie wir im letzten Kapitel gesehen haben – daher rühren, dass Prüfungen und Arbeiten als Persönlichkeits- oder Fähigkeitstests gesehen werden. Studierende, die nach einem Misserfolg glauben, sie wären »zu dumm«, um zu studieren, sind natürlich wesentlich gestresster als Studierende, die nach einem Misserfolg denken, falsch, das Falsche oder zu wenig gelernt zu haben.

Diese Angst kann aber auch von überzogenen Erwartungen herrühren. Aufschieben wird oft mit Perfektionismus in Verbindung gebracht.

Dabei zeigt die Forschung: Nicht jede Form von Perfektionismus führt zu Aufschieben. Menschen, die sich selbst anspruchsvolle Ziele setzen und hohe Standards haben, arbeiten meist auch gewissenhaft daran, diese zu erreichen (Steel, 2011). Diese Form von Perfektionismus wird in der Forschung als selbstorientierter Perfektionismus bezeichnet.

Es sind die sozial orientierten Perfektionisten, die aufschieben. Damit verbunden ist das Empfinden, dass andere Menschen viel von einem erwarten, und die Befürchtung, diesen Anforderungen nicht gerecht zu werden. Die Gedanken kreisen entsprechend oft darum, wie man von anderen gesehen wird und ob andere enttäuscht sein könnten (vgl. Klibert, Langhinrichsen-Rohling & Motoko, 2005; Flett et al., 1992):

- »Die werden mich alle für einen Versager halten, wenn ich die Prüfung nicht bestehe.«
- »Was wird wohl der Prof. denken, wenn er das liest?«
- »Das ist doch alles Müll, was ich hier schreibe. Der Betreuer wird mich in der Luft zerfetzen.«
- »Meine Eltern werden enttäuscht sein, wenn ich das nicht schaffe.«
- »Die anderen halten mich doch alle für einen Loser.«

Mir fiel dieser Zusammenhang zwischen sozial orientiertem Perfektionismus und Aufschieben das erste Mal auf, als ich an der Uni Fribourg arbeitete und Bachelorarbeiten betreute.

Bei Aufschiebern hatte ich mir angewöhnt, ihnen Mini-Deadlines zu setzen, im Sinne von: Jede dritte Woche erscheinst du in meinem Büro und bringst mir drei Seiten mit.

Dabei wurde mir bewusst, wie ausgeprägt die Angst vor Feedback bei vielen Studierenden mit Aufschiebe-Problemen ist. Bei der ersten Rückmeldung waren einige dieser Studierenden dermaßen angespannt, dass sie zitterten. Einige brachen sogar in Tränen aus, bevor ich etwas sagen konnte.

Was mir ebenfalls auffiel: Diese Studierenden konnten ihre Leistung nicht einschätzen. Wenn ich Rückmeldungen zu den gelesenen Seiten gab, konnte ich oft eine Mischung aus Erleichterung und Enttäuschung ausmachen. So als hätten sie befürchtet, dass ihre Arbeit völliger Schrott ist, während sie gleichzeitig hofften, dass sie genial ist.

Mit jeder Feedback-Runde wurden diese Studierenden gelöster. Es gelang ihnen besser, sich und ihre Arbeit realistisch einzuschätzen, starke Punkte auszumachen und eigene Verbesserungsvorschläge einzubringen. Sie begannen, sich mit ihren Texten auseinanderzusetzen – anstatt mit ihren Träumen und Befürchtungen. In der Folge gelang es ihnen immer leichter, die geforderten Seiten zu schreiben und sich Rückmeldungen einzuholen. Bald konnten die Anzahl der Seiten und die zeitlichen Abstände für das Feedback heraufgesetzt werden.

Wenn man von seiner Arbeit noch nicht überzeugt ist, braucht es Mut, sich Rückmeldungen einzuholen. Ich selbst erwische mich dabei, wie ich ein Manuskript für ein neues Buch am liebsten unter Verschluss halten möchte, bis es fertig ist. Damit entgingen mir jedoch wunderbare Möglichkeiten, es zu verbessern.

Schau genauer hin, falls es dir beim Gedanken an Feedback mulmig wird: Was macht dir Angst? Was könnte passieren? Sind deine Befürchtungen begründet? Vielleicht helfen dir die folgenden, konstruktiveren Sichtweisen, die Studierende im Seminar erarbeitet haben.

Emma meinte: »Ich kann einfach nicht einschätzen, ob ich auf dem richtigen Weg bin. Aber wenn ich tatsächlich auf dem falschen Dampfer bin, möchte ich das nach drei Seiten erfahren und nicht nach dreißig! Deshalb werde ich meine Betreuerin fragen, ob sie die ersten Seiten lesen könnte.«

Lovis fürchtete sich insbesondere davor, dumm zu wirken. Ihm half der Gedanke: »Ich bin hier, um zu lernen. Ich muss nicht alles auf Anhieb können. Und ich brauche Rückmeldungen, um besser zu werden.«

Sonja hatte gehört, dass ihr Professor gemein werden kann, wenn ihm eine Arbeit missfällt. Auf die Frage nach ihren Befürchtungen wurde deutlich, dass es ihr nicht in erster Linie um die Arbeit ging, da sie die Betreuungsperson wechseln könnte. Vielmehr ging es darum, wie sie sich fühlen würde, falls der Professor ihre Arbeit niedermacht, und welchen Einfluss ein solches Ereignis auf ihr Selbstbild hätte. Das wird deutlich in ihrer Aussage: »Falls der mich und meine Arbeit zerreißen würde, dann würde ich mich vernichtet fühlen. Ich könnte den Betreuer wechseln, aber ich hätte gar nicht mehr die Nerven, noch weiterzustudieren.« Nachdem wir in der Gruppe darüber gesprochen hatten, schrieb sie für sich auf: »Es ist die Aufgabe meines Betreuers, mir hilfreiches, konstruktives Feedback zu geben. Falls Professor X dazu nicht in der Lage ist, macht er einen schlechten Job. Falls er tatsächlich so ein cholerischer Knilch ist, der als Lehrer nichts Besseres zu tun hat, als Lernende zu demotivieren, ist er es, der nichts begriffen hat. Ich werde mein Selbstwertgefühl nicht von ihm abhängig machen.«

Ich habe genügend Studierende betreut, um zu wissen, dass es auch unter den Professorinnen und Professoren unfaire Choleriker und selbstverliebte, gefühlskalte Egomanen gibt. Achte darauf, dass du solchen Menschen so wenig Macht wie möglich über dich einräumst. Mach dein Selbstwertgefühl und dein Selbstvertrauen nicht von ihren Rückmeldungen abhängig. Das gelingt dir, indem du dir bewusst machst, dass du die Zügel in der Hand hast. Du entscheidest, wie viel Bedeutung du einer Rückmeldung beimisst. Sei dir dabei bewusst, dass Beurteilungen wenig objektiv sind. Fast jeder erfolgreiche Schriftsteller wird dir berichten können, dass sein erstes Werk – bevor es ein Bestseller wurde – von verschiedensten Verlagen abgelehnt wurde.

Auch bei unfairen Profs gilt: Hole dir früh Rückmeldungen ein! Drei Studierende waren bei mir in Beratung, weil sie die Arbeit erst am Schluss gezeigt hatten und die Professorin beziehungsweise der Assistent diese nicht akzeptierten. Nach einem Jahr Schufterei mussten sie nochmals von vorne beginnen. Lass das nicht zu! Du willst früh wissen, ob du auf einem guten Weg bist und ob dich die richtige Person begleitet.

Übung 12: Hol dir Feedback ein

Egal ob du für eine Prüfung lernst oder eine Arbeit schreibst: Hol dir eine Rückmeldung darüber ein, wo du stehst.

Falls du lernst, kannst du dich mit jemandem aus deinem Studium treffen, um Fragen zum Stoff zu diskutieren oder eine alte Prüfung zu lösen.

Falls du eine Arbeit schreibst, kannst du dir einige Seiten aussuchen und sie jemandem zu lesen geben. Es muss sich dabei nicht um deine Betreuerin oder den Professor handeln – du kannst auch mit Mitstudierenden, den Eltern oder der Partnerin, dem Partner beginnen.

Falls dich etwas zurückhält: Werde dir bewusst, was es ist. Denke darüber nach, ob du dich davon aufhalten lassen willst, und notiere dir einen Satz, der dir dabei hilft, Rückmeldungen einzuholen:

Stelle dir nach dem Feedback die folgenden Fragen:

- Weiß ich nun besser, wo ich stehe und was ich verbessern kann?
- Wird meine Arbeit durch das Feedback dieser Person besser oder sollte ich das nächste Mal jemand anderen um Rückmeldung bitten?
- Was war hilfreich, was nicht?

Vergiss das Ankreuzen nicht:

1	2	3	4	5
☐	☐	☐	☐	☐

ÜBERWINDE DIE ANGST VOR ERFOLG

Aufschieber fürchten sich vor Erfolg

Macher wissen, was Erfolg für sie bedeutet

»Angst vor Erfolg? Was denn noch? Die spinnen doch, diese Psychologen ...«

Gingen dir beim Lesen dieser Überschrift in etwa diese Gedanken durch den Kopf?

Wenn ich in Seminaren zum Thema Aufschieben die Angst vor Erfolg anspreche, stoße ich zunächst oft auf Unglauben. Wieso sollte man Angst vor Erfolg haben? Nach einem Moment des Überlegens kommt aber rasch das erste Kopfnicken.

Vielleicht geht es dir wie einigen der folgenden Studierenden und dir ist nicht ganz wohl beim Gedanken, dein Studium abzuschließen:

Thomas: »Mir gefällt mein Studentenleben. Niemand macht mir Vorschriften, niemand will, dass ich um acht Uhr morgens auf der Matte stehe und nach seiner Pfeife tanze ...«

Sabrina: »Mit meiner Studienrichtung wird es schwierig, einen Job zu finden. Ich darf gar nicht daran denken, was nach dem Studium auf mich zukommt.«

Leander: »Bei mir ist es so: Ich schiebe alles bis zum letzten Moment auf. Dann schließe ich mich ins Zimmer ein und arbeite, arbeite, arbeite. In dieser Zeit nervt mich jeder, der etwas von mir will. Arbeiten macht mich asozial! Irgendwie habe ich das Gefühl, wenn ich nicht aufschieben würde, wäre ich immer so ein unsympathischer Kerl.«

Sonja: »Meine Eltern haben nicht studiert. Niemand in meiner Familie ist Akademiker. Mein Vater kann sich gar nicht vorstellen, was ich hier an der Uni mache. Ich habe das Gefühl, ich entferne mich immer weiter von meiner Familie und meinen früheren Freunden, je weiter ich mit dem Studium vorankomme.«

Wenn wir genauer hinschauen, gibt es viele Facetten eines Erfolgs, die bedrohlich wirken können.

Manche fürchten sich davor, dass die Erwartungen und Anforderungen mit jedem Erfolg steigen und sie mehr Verantwortung übernehmen müssen, als sie tragen können.

Andere glauben, dass Erfolg ihre Persönlichkeit negativ verändern könnte.

Wieder andere rebellieren mittels Aufschieben gegen die Ideale ihrer Eltern. Unbewusst kämpfen sie dagegen an, die Wünsche ihrer Eltern zu erfüllen und sich an deren Vorstellungen anzupassen.

Angst vor Erfolg kann es dir sehr schwer machen, dich auf Prüfungen vorzubereiten, eine Arbeit zu Ende zu schreiben und das Studium abzuschließen. Wie solltest du auch motiviert sein, auf etwas hinzuarbeiten, das dir nicht gefällt oder von dem du dich vielleicht sogar bedroht fühlst?

Nimm dir einen Moment Zeit und überlege dir, was passieren wird, wenn du nicht mehr aufschiebst und erreichst, was du dir vorgenommen hast.

Vielleicht hilft dir dabei das Beispiel von Sofie, BWL-Studentin im letzten Semester mit leichten Aufschiebeproblemen. Sie stellte sich die folgenden Fragen:

Was verändert sich, wenn ich mein Studium abschließe?

- Meine Eltern sind stolz auf mich
- Ich bin stolz auf mich
- Ich muss mich bewerben
- Ich trete ins Arbeitsleben ein. Das bedeutet:

- mehr Stress
- mehr Verantwortung
- mehr Geld (eigene Wohnung, Reisen)
- weniger Ferien, weniger Freizeit
- wahrscheinlich Umzug in eine andere Stadt
- Abschied von der WG
- Ich muss nicht mehr an die Masterarbeit denken!

Was bedeuten diese Veränderungen für mich?

Ich wäre sehr erleichtert, wenn meine Masterarbeit endlich abgegeben wäre und ich nicht mehr daran denken müsste. Ich freue mich darauf, endlich genügend Geld zu verdienen, um mir eine eigene Wohnung leisten zu können und meinen Eltern nicht mehr auf der Tasche liegen zu müssen.

Auf der anderen Seite macht mir der Berufseinstieg Angst. Viele meiner früheren Freundinnen haben sich nach dem Berufseinstieg verändert. Plötzlich scheint nur noch die Karriere wichtig zu sein. Ständig sind sie in Eile, haben keine Zeit mehr für Freundschaften, laufen in Stöckelschuhen und Businessanzügen herum. Klar, das gehört in größeren Firmen dazu – aber manchmal habe ich das Gefühl, da wird einem eine Gehirnwäsche verpasst!

In Fribourg würde ich aufgrund meiner mangelhaften Französischkenntnisse wohl kaum eine Stelle finden. Ich müsste dorthin ziehen, wo ich eine Stelle finde, und mir wieder ein soziales Netz aufbauen. Darauf habe ich keine Lust.

Was macht mir am meisten Angst?
Mir könnte das Gleiche passieren wie Cecile und Jessica, als sie bei Nestlé und Goldmann Sachs angefangen haben: Es könnte sein, dass ich nur noch Karriere, Geld und Erfolg im Kopf habe, ständig gestresst herumrenne und jedes Jahr oberflächlicher werde!

Wie will ich damit umgehen?
Niemand kann mich gegen meinen Willen verändern. Cecile und Jessica hat diese Business-Welt schon immer angezogen. Ich werde mir überlegen, für welche Art von Unternehmen ich gerne arbeiten möchte. Niemand hat gesagt, dass ich mich bei einem Großkonzern bewerben muss. Ich darf mir Unternehmen suchen, hinter deren Zielen ich stehe und deren Betriebsklima und Philosophie zu mir passt, und mich dort bewerben.

Übung 13: Werde dir bewusst, was Erfolg für dich bedeutet

Jetzt bist du dran: Räume mögliche Hindernisse aus dem Weg, indem du diese Fragen für dich beantwortest, dich mit deinen Befürchtungen auseinandersetzt und dir überlegst, wie du damit umgehen möchtest. Werde dir bewusst, dass du dein Leben selbst in die Hand nehmen darfst und du die einzige Person bist, die bestimmt, was Erfolg für dich bedeutet.

Was verändert sich, wenn ich mein Studium abschließe?

Was bedeuten diese Veränderungen für mich?

Was macht mir am meisten Angst?

Wie will ich damit umgehen?

____

____

____

Und:

1	2	3	4	5
☐	☐	☐	☐	☐

FINDE DEINE BERUFUNG

Aufschieber täuschen sich über die eigene Unzufriedenheit hinweg

Macher suchen sich etwas, das zu ihnen passt

Wir schieben oft dann auf, wenn unsere Motivation nicht eindeutig ist. Sofie im letzten Kapitel freute sich auf den Studienabschluss, verband aber gleichzeitig Ängste damit.

Manchmal sind die inneren Hindernisse jedoch viel gravierender. Jonas antwortete auf meine Frage, weshalb er die Bachelorarbeit schreiben wolle:

> *»Wenn ich ehrlich bin, habe ich deshalb Jura studiert, weil ich nie wusste, was ich will. Mein Vater riet mir dazu. Das Fach interessiert mich nicht. Ich sollte diese Arbeit fertig schreiben – aber ich will nicht als Jurist oder Anwalt arbeiten. Ich studiere nur deshalb weiter, weil ich schon so viel reingesteckt habe und nicht weiß, was ich sonst tun soll.«*

Egal ob du dich fühlst wie Sofie oder Jonas: Es lohnt sich, wenn du aktiv wirst und dich für dich und deine Bedürfnisse engagierst.

Beginne mit einem Akt der Selbstverpflichtung und klaren Zielen.

Selbstverpflichtung

Viele Aufschieber sind Meister darin, sich selbst zu täuschen. Sie machen sich nicht nur vor, dass sie gleich beginnen und dann umso effektiver arbeiten werden. Sie täuschen sich oft auch jahrelang über die eigene Unzufriedenheit hinweg.

Selbstverpflichtung beinhaltet ein klares »Nein!« zur momentanen Lebensweise, ein deutliches »Ja!« zu einer Veränderung und das Bewusstsein dafür, dass niemand anderes für das eigene Leben verantwortlich ist als man selbst.

Wenn du, wie Jonas, lediglich weiterstudierst, weil du damit angefangen hast oder weil du deine Eltern nicht enttäuschen möchtest, solltest du dich als Erstes fragen: Reichen diese Gründe als Motivationsquelle aus, um mich bis zum Ende des Studiums zu tragen?

Falls nicht, stehen dir zwei Wege offen: Du kannst die Freude an deinem Studienfach wecken oder dir etwas suchen, das besser zu dir passt. Wenden wir uns zuerst der zweiten Möglichkeit zu.

Finde etwas, das zu dir passt

Keine Strategie gegen das Aufschieben wird funktionieren, wenn du weißt, dass du mit jedem Schritt Richtung Ziel unglücklicher wirst. Wenn du den falschen Weg eingeschlagen hast, nützt es nichts, wenn du ihn schneller gehst.

Der Schritt zurück an den Anfang ist in diesem Fall ein Fortschritt.

Es ist hart, etwas Angefangenes abzubrechen. Es stellt sich das Gefühl ein, dass alle bisherigen Anstrengungen in diese Richtung vergebens waren. Du kannst dir Klarheit verschaffen mit der Frage: Wird es besser, wenn ich dabei bleibe?

Samuel, ein KV-Lehrling meinte dazu: »Mir stinkt die Schule gewaltig. Aber die Arbeit an und für sich gefällt mir sehr. Ich freue mich auf die Zeit nach dem Abschluss.«

Samuel sollte alles daransetzen, seinen inneren Schweinehund zu überwinden und diese Lehre erfolgreich abzuschließen.

Beim Jura-Studenten Jonas sieht die Lage anders aus. Sein Studium gefällt ihm nicht, die Vorstellung, danach in diesem Bereich arbeiten zu müssen, widert ihn an.

Auch wenn er bereits drei Jahre studiert hat: Sein Leben wird nicht besser, wenn er damit weitermacht.

Falls Jonas sein Studium abbricht, werden das viele Menschen aus seinem Umfeld nicht verstehen können.

Sie werden ihm rationale Argumente entgegenschleudern:

- »Jetzt bist du schon so weit gekommen, willst du das alles in den Sand setzen?«
- »Es sind nur noch zwei, drei Jahre bis zum Abschluss. Danach kannst du immer noch entscheiden, was du tun möchtest.«

Sie werden ihm Vorwürfe machen:

- »Was man anfängt, bringt man zu Ende!«
- »Wie lange willst du deinen Eltern noch auf der Tasche liegen?«
- »Findest du es nicht verantwortungslos, alles hinzuschmeißen?«

Meine persönliche Meinung dazu lautet: Wenn dich dein Weg auf Dauer nicht glücklich macht, dann helfen dir rationale Argumente nicht weiter.

Im Allgemeinen mag es sinnvoll sein, Angefangenes zu Ende zu führen. Aber zeugt es tatsächlich von Charakterstärke, wenn man am Ende seines Lebens sagen muss: »Ich habe meinen Beruf nie gemocht. Ich habe mich zeitlebens unwohl gefühlt, aber ich habe es durchgezogen.«? Das mag tapfer sein. Aber auch dumm.

Manchmal zeugt es von Mut und Klugheit, etwas aufzugeben. Befasse dich deshalb in der nächsten Aufgabe mit deinen Motiven.

Übung 14: Denke darüber nach, was du wirklich willst
Nimm dir für diese Aufgabe einen Tag frei.

Denke an etwas, das du aufschiebst. Es kann sich dabei um eine spezifische Arbeit, ein Projekt oder dein Studium an sich handeln.

Schreibe dir alle Gründe auf, die fürs Aufgeben sowie fürs Weitermachen sprechen. Du kannst das gleich hier machen:

Diese Gründe sprechen fürs Weitermachen:

- ____________________
- ____________________
- ____________________
- ____________________
- ____________________
- ____________________

Diese Gründe sprechen fürs Aufhören:

- ____________________
- ____________________
- ____________________
- ____________________
- ____________________

Werte die Gründe aus. Achte vor allem darauf, ob dich die Gründe fürs Weitermachen langfristig motivieren.

Falls du einen Abbruch in Erwägung ziehst, wird dir dies leichter fallen, wenn du bereits im Vorfeld die Verantwortung für die weitere Zukunft übernimmst und dich fragst, wie dein weiterer Weg aussehen könnte.

Auch die Menschen in deinem Umfeld werden anders reagieren, wenn du ihnen von neuen, konkreten Plänen berichten kannst.

Falls du neue Pläne schmieden musst, dann gehe es gründlich an. Informiere dich breit und tief über verschiedene Möglichkeiten.

Vielleicht denkst du jetzt: »Beim Berufsberater war ich schon, das hat nichts gebracht.«

Meine Frage dazu lautet: »Hast du im Kino schon einmal einen schlechten Film gesehen? Ja? Bist du deswegen nie mehr hingegangen?«

Es geht um deine Zukunft! Such dir einen besseren Berufsberater, einen persönlichen Coach, schnuppere in verschiedenen Bereichen, setz dich in unterschiedliche Vorlesungen, vergleiche Fachhochschulen und Unis. Mach dir Gedanken darüber, was du in der Freizeit am liebsten machst, wo deine Stärken liegen und in welchen Berufen deine Interessen, Fähigkeiten und Stärken gefragt sind.

Irgendwo da draußen gibt es die Ausbildung und den Beruf, die zu dir passen. Mach es dir nicht zu leicht. Sei nicht zu bequem. Jammere nicht, wenn du etwas verändern könntest.

Falls du mit deinem Projekt, deiner Arbeit oder deinem Studium weitermachen möchtest, ist das nächste Kapitel relevant.

ENGAGIERE DICH

Aufschieber schreiben Prüfungen

Macher vertiefen sich in Fachgebiete

Aufschieber sind oft Experten darin, kurz vor der Prüfung mit minimalem Aufwand das Maximum herauszuholen. Bei Schülern, aber auch bei vielen Studierenden, gilt dieses Vorgehen als »cool« – zudem scheint man dadurch beweisen zu können, wie sehr man's draufhat: »Wow, so wenig gelernt und trotzdem bestanden!«

Wie stehst du zu dieser Haltung? Denk einen kurzen Moment darüber nach und lies dann den Ausschnitt aus dem folgenden Beratungsgespräch:

Sonja: Bisher hat es auch immer gereicht, wenn ich in den zwei Wochen vor den Prüfungen gelernt habe.
Fabian: Ja. Ich glaube auch, dass das weiterhin reichen wird. Du lernst schnell und weißt, wie man beim Lernen Prioritäten setzt …
Sonja: Ja …?
Fabian: Darf ich dir eine unbequeme Frage stellen?
Sonja: Ja?
Fabian: Du studierst Psychologie. Wie wirst du dich am Ende des Studiums fühlen? Wenn du einem Klienten gegenübersitzt? Wie wird es sich anfühlen, zu wissen: Eigentlich habe ich mich nie auf mein

Fachgebiet eingelassen? Ich habe schlicht mit minimalem Aufwand die Prüfungen geschrieben ...?
Sonja: Hm ...
Fabian: Was würdest du über deinen Hausarzt denken, wenn du hören würdest, dass er auf diese Weise studiert hat?
Sonja: Ich würde den Arzt wechseln ...

Die Fähigkeit von Sonja, sich innerhalb kürzester Zeit sehr effektiv auf Prüfungen vorzubereiten, ist Gold wert. Und man darf diese Fähigkeit natürlich verwenden, um für Fächer zu lernen, die einem weniger liegen und kaum etwas mit dem eigenen Berufswunsch zu tun haben.

Aber: Es schadet dir immens, wenn du dir angewöhnst, alles auf diese Weise zu erledigen. Dein Leben wird sich anfühlen, als müsstest du eine lästige Sache nach der anderen hinter dich bringen.

Als ich im zweiten Jahr studierte, hatten wir kaum noch Fächer, die mich interessierten. Ich machte mir einen Spaß daraus, zu sehen, mit wie wenig Aufwand ich Prüfungen bestehen kann und fand heraus: Ein Nachmittag pro Prüfung reicht aus, wenn man sich genau informiert, wie und was geprüft wird, und frech genug ist, sich ausschließlich darauf zu konzentrieren.

Ich fühlte mich schlau, aber bei näherer Betrachtung war es dumm und es ging mir dreckig. Ich verlor mehr und mehr den Bezug zum Studium und interessierte mich jede Woche weniger für Psychologie. In den Semesterferien kam die Wende. Ich arbeitete als Ladendetektiv und hatte – während ich acht Stunden pro Tag nach Kaufhausdieben Ausschau hielt – alle Zeit der Welt, um über mich, das Studium und meine Situation nachzudenken. Je mehr ich darüber nachsann, desto mehr wuchs mein Widerwille. Angewidert von meiner Haltung und dem Studium sagte ich zu mir: »Entweder du brichst das Studium ab oder du machst es dir zu eigen und übernimmst die volle Verantwortung.«

Von diesem Moment an war für mich klar: Ich will nicht Psychologie studieren, ich will Psychologe werden!

Ich begann noch in den Ferien, mir Fachbücher zu den Bereichen zu kaufen, die mich am meisten interessierten, und begann eines nach dem anderen zu verschlingen. Je mehr ich las, desto mehr faszinierten mich verschiedenste Bereiche und Themen der Psychologie. Ich machte eine wichtige Erfahrung: Wenn du dich engagierst, wird alles spannender und lebendiger!

Du verbringst einen großen Teil deiner Zeit mit deinem Studium und deiner Arbeit. Du hast ein Recht darauf, dass du dich dabei lebendig fühlst, wichtige, eigene Ziele verfolgst und glücklich wirst.

Aber: Du musst von diesem Recht Gebrauch machen. Niemand nimmt dir diese Verantwortung ab.

Stell dir die folgenden Fragen:

- Auf was arbeite ich hin? Wo sehe ich mich in Zukunft?
- Was möchte ich wissen?
- Was möchte ich nicht nur wissen, sondern sogar können?
- Welche Fächer könnten mir auf meinem weiteren Weg nützlich sein?
- Wie kann ich die Vorlesungen und Seminare bestmöglich für meine Ziele nutzen?
- Was zeichnet für mich eine/n gute/n (Arzt, Juristen ...) aus? Wie entwickle ich mich in diese Richtung?

Im Laufe der Jahre durfte ich erleben, wie einigen Studierenden dieser Perspektivenwechsel gelang. Dabei merkt man förmlich, wie sich diese Menschen innerlich und äußerlich aufrichten, sich plötzlich frei fühlen und Kraft haben.

Sie konzentrieren sich nicht mehr auf all die mühsamen Details, die vor ihnen liegen: die Prüfungen, die sie ablegen müssen, die Seminararbeit, die sie schreiben sollten. Sie hören auf zu jammern und werden sich bewusst: Ich will hier sein und das tun, wofür ich mich entschieden habe. Ich will mich ganz darauf einlassen, tief in mein Fachgebiet eintauchen, die Zeit hier nutzen, um so viel darüber zu lernen, wie ich kann. Ich warte nicht mehr darauf, dass jemand die Dinge für mich interessant macht – ich werde mein Interesse entfachen, mich investieren und die volle Verantwortung übernehmen.

Diese Studierenden sind nicht mehr nur darauf aus, wie brave, angepasste Bologna-Schäfchen Punkte abzugrasen. Sie werden sich bewusst, dass das Wissen, welches sie sich im Studium aneignen, ihr Startkapital ist, mit dem sie ihr Berufsleben beginnen.

Marlen meinte dazu: »Mir ist klar geworden: Ich bin erwachsen. Ich kann tun und lassen, was ich will. Niemand kann mich zwingen. Entweder ich bin hier, weil ich das will, und dann mache ich es richtig – oder ich suche mir etwas anderes. Mir fällt dazu eine Dokumentation ein, die ich einmal gesehen habe. Ein Zirkus-Tiger sollte freigelassen werden. Um ihn an die Freiheit zu gewöhnen, kam er in ein großes Gehege, aber er lief immer nur auf denselben drei Quadratmetern hin und her. Es ist fast so, als hätte ich eben erst gemerkt, dass es keine Gitterstäbe mehr gibt.«

Übung 15: Engagiere dich

Nimm dir eine Stunde Zeit, um dir Gedanken darüber zu machen, wie du dich stärker für dein Studium engagieren kannst. Wenn du möchtest, kannst du dazu die folgende Übung machen:

Verbinde dich emotional stärker mit deinem Studium

Denke mit einem Stift und einem Blatt Papier darüber nach:

- was dir an deinem Studium gefällt
- was du nach dem Studium wissen und können möchtest
- warum du dich gerade für dieses Studium und diese Uni oder Fachhochschule entschieden hast

Überlege für eine spezifische Prüfung oder Arbeit:

- inwiefern diese dich auf deinem Weg voranbringt
- was genau du dabei für deine Zukunft lernst oder lernen könntest

Je hartnäckiger du suchst, desto mehr motivierende Gründe wirst du finden. Eine Studentin meinte, dass sie kaum von ihrer Bachelorarbeit profitiert, da sie das Thema nicht selbst wählen konnte und sie dieses nicht interessiert. Nach dreißig Minuten Nachdenken füllte sich das Blatt. Darauf stand unter anderem, dass diese Arbeit ihr dabei hilft:

- sich in das Literatur-Suche-Programm einzuarbeiten
- sich auf die Masterarbeit vorzubereiten
- einen wichtigen Meilenstein in ihrer Ausbildung zu erreichen
- ihre Englischkenntnisse zu vertiefen
- ihre Schreib-Kompetenzen zu verbessern etc.

Zu guter Letzt sah sie die Arbeit auch als ideale Gelegenheit, um an ihrer »Aufschieberitis« zu arbeiten. Dazu schrieb sie: »Ich nehme diese Arbeit als Übungsfeld, um das tatkräftige Anpacken zu trainieren. Ich werde im Beruf immer wieder auf Aufgaben stoßen, auf die ich keine Lust habe. Nach dieser Arbeit will ich dafür gewappnet sein und wissen, wie ich solche Hürden überwinde!«

Für mich selbst war dieser Moment, in dem ich die volle Verantwortung übernahm, einer der wichtigsten Wendepunkte in meinem Leben. Wie hat sich die Übung auf dich ausgewirkt?

1	2	3	4	5
☐	☐	☐	☐	☐

Auch diese Übung ist nicht für alle Studierenden hilfreich. Dennoch: Wenn du hier einen niedrigen Wert angekreuzt hast, finde ich es wichtig, dass du überprüfst, ob du die Übung mit dem nötigen Ernst angegangen bist.

SEI KEIN REBELL

Aufschieber rebellieren gegen Autoritäten

Macher gehen ihren eigenen Weg

Aufschieber beklagen sich oft darüber, dass sie keine Disziplin besäßen und es mit ihrer Willenskraft nicht weit her sei.

Und tatsächlich: Die Forschung zeigt, dass Aufschieber oft bestimmte Persönlichkeitszüge aufweisen, die auf Schwierigkeiten mit der Selbststeuerung schließen lassen. So erreichen sie normalerweise geringe Werte in Persönlichkeitsmerkmalen wie Gewissenhaftigkeit und Selbstkontrolle, dafür hohe Werte in Persönlichkeitsmerkmalen wie Impulsivität und Ablenkbarkeit (vgl. Höcker, Engberding & Rist, 2013; Steel, 2007).

Genau genommen fällt es vielen Aufschiebern aufgrund ihrer Persönlichkeit schwer:

- auf Belohnungen im Hier und Jetzt zu verzichten, um ein langfristiges Ziel zu erreichen.
- den Fokus auf einer weniger interessanten oder unangenehmen Tätigkeit zu halten und sich nicht ablenken zu lassen.

Wir werden uns daher in den nächsten Kapiteln mit der Frage befassen, wie du deine Willenskraft einerseits klug einsetzen und andererseits trainieren kannst.

Zuvor möchte ich jedoch auf einen interessanten inneren Konflikt eingehen, den ich bei einigen Aufschiebern beobachten konnte: Sie wünschen sich auf der einen Seite mehr Selbstdisziplin, verachten aber gleichzeitig disziplinierte Menschen.

Auf meine Frage, welches Ziel er im Seminar erreichen möchte, gab Tobias an, dass er mehr Selbstdisziplin entwickeln möchte, um endlich seine Seminararbeiten in Angriff zu nehmen. In einer späteren Sitzung wurde jedoch deutlich, dass er diesem Ziel sehr ambivalent gegenüberstand: »Mein Vater meint immer, ich hätte keine Disziplin. Aber was hat ihm seine Disziplin denn gebracht? Er schuftet sich fast zu Tode. Für uns hatte er nie Zeit – die blöde Firma und die Karriere waren immer wichtiger. Der hat doch nie gelebt. Wenn Disziplin heißt, dass man zu solch einem Arbeitssklaven wird, dann verzichte ich darauf!«

Tobias greift mit seiner Aussage einen wichtigen Punkt auf: Zu viel Selbstdisziplin und Gewissenhaftigkeit können genauso schädlich sein wie zu wenig.

Sehr gewissenhafte Menschen laufen Gefahr, ihre eigenen, momentanen Bedürfnisse zu wenig wahrzunehmen. Sie sind ausgesprochen pflichtbewusst und sehen immer das langfristige Ziel – die Beförderung, die Rente – und achten wenig darauf, das Leben im Hier und Jetzt zu genießen. Sie malen sich aus, wie schön ihr Leben sein wird, wenn sie die Beförderung erreicht haben oder im Ruhestand endlich Zeit und viel angespartes Geld haben, um das Leben zu genießen. Ist die Beförderung endlich da, spüren sie vor allem den Druck, der mit der neuen Stelle verbunden ist. Sind sie pensioniert, merken sie, dass sie nun zwar Zeit und Geld hätten, aber nie gelernt haben, diese Dinge zu genießen.

Aufschieber hingegen schaffen es oft nicht, persönlich wichtige Ziele zu erreichen. Sie möchten gerne einen spannenden Beruf ausüben, können sich aber nicht dazu aufraffen, ihre Masterarbeit zu schreiben. Sie möchten gerne eine schöne Beziehung und eine Familie, fühlen sich aber angesichts der vielen

Verpflichtungen, die dies mit sich bringt, überfordert. Sie hätten gerne mehr Geld, drücken sich aber vor der Gehaltsverhandlung.

Interessanterweise kommen sowohl viele gewissenhafte Menschen wie auch viele Aufschieber am Ende ihres Lebens zu der Erkenntnis: Ich habe zu wenig gelebt. Ich habe nicht das gemacht, was ich wollte.

Die einen haben daran vorbeigearbeitet, die anderen haben die dazu notwendige Arbeit gescheut.

Vielleicht kannst du mit der Leistungsorientierung deiner Eltern wenig anfangen. Vielleicht hatte ein Elternteil nie Zeit für dich, weil er oder sie den Beruf über alles andere stellte. Vielleicht war ein Elternteil zu pflichtbewusst und konnte daher das Leben nicht genießen. Und vielleicht hast du irgendwann zu dir gesagt: »So werde ich nie!«

Das Problem dabei ist: Wenn du versuchst, das Gegenteil von deinen Eltern zu sein, könnte es dir genauso ergehen wie ihnen: Du verpasst dein Leben!

Lass dein Leben nicht eine armselige Reaktion auf das Leben, die Werte und die Ansichten deiner Eltern sein. Du bist nicht auf der Welt, um die Erwartungen deiner Eltern zu erfüllen, du bist aber auch nicht hier, um dein Leben lang gegen deine Eltern zu rebellieren. Geh deinen eigenen Weg!

Diesen kannst du am besten gehen, wenn du persönlich bedeutsame Ziele verfolgst und die richtige Balance findest zwischen Lust und Vernunft.

Du kannst dir Selbstdisziplin als Kontinuum vorstellen. Auf der einen Seite siehst du einen sehr impulsiven Menschen, der nur auf die Befriedigung aktueller Bedürfnisse aus ist. Es gelingt ihm daher kaum, an wichtigen, langfristigen Zielen zu arbeiten.

Auf der anderen Seite siehst du einen übermäßig disziplinierten Menschen, für den die Pflicht immer an erster Stelle kommt. Ihm fällt es schwer, den Moment zu genießen, abzuschalten und einmal fünf gerade sein zu lassen.

Dieses Buch soll dir dabei helfen, auf der einen Seite das Leben zu genießen, Freude an der Arbeit zu entwickeln und die Freizeit ohne schlechtes Gewissen auszukosten. Auf der anderen Seite möchte ich dir dabei helfen, so viel Selbstdisziplin zu entwickeln, dass du dich im entscheidenden Moment überwinden kannst, das Notwendige anstatt das Einfache zu tun und dadurch diejenigen Ziele zu erreichen, die dich langfristig glücklich machen.

Übung 16: Wie viel Selbstdisziplin willst und brauchst du?
Versuche, dich für einen Moment von den Erwartungen anderer frei zu machen und überlege dir: Wo stehe ich momentan auf dem folgenden Kontinuum? Markiere diese Stelle mit einem roten Strich.

impulsiv -- diszipliniert

Frage dich, wie viel Selbstdisziplin du brauchst, um dich wohlzufühlen und das Leben leben zu können, das du dir wünschst? Markiere diese Stelle mit einem grünen Strich.

Die nächsten Kapitel zeigen dir, wie du diese Lücke schließen kannst.

SCHONE DEINE WILLENSKRAFT

Aufschieber verbraten ihre Willenskraft

Macher setzen ihre Willenskraft mit Bedacht ein

In den nächsten Kapiteln geht es um deinen Willen und wie du damit möglichst viel erreichst. Dazu kannst du deine vorhandene Willenskraft klüger einsetzen oder sie ausbauen. Am besten setzt du gleich an beiden Punkten an!

Stell dir den Weg zu deinem Ziel als Strecke vor, die du mit dem Fahrrad zurücklegst. Am Tag X willst du an deinem Ziel ankommen. Wovon hängt es ab, ob du dein Ziel erreichst? Zum einen davon, wie fit dein Körper ist. Mit einem gut trainierten Herzmuskel, kräftigen Lungen und muskelbepackten Beinen erreichst du dein Ziel eher. Du könntest an diesem Punkt ansetzen und deinen Körper trainieren.

Da du kein Rennen fährst und einfach nur an Tag X an deinem Ziel ankommen möchtest, hast du viele weitere Möglichkeiten, deine Chancen zu steigern. Dazu fragst du dich: Wie erreiche ich mein Ziel mit möglichst wenig Kraft? Und wie könnte ich den Weg dorthin zu einem Erlebnis machen?

Du könntest anstatt der steilen und holprigen Passstraße eine Route mit geteerten, flachen Straßen wählen. Du könntest ein paar Tage früher losfahren als nötig und dafür in gemütlichem Tempo fahren und pausieren, wenn du müde wirst. Du könntest darauf achten, dass du auf der Reise in tollen Restaurants Halt machst, dich gut ernährst, genügend schläfst und jeden Tag nur eine gut machbare Strecke bewältigst. Weil du auf diese Weise nicht keuchend, mit brennenden Muskeln und rotem Kopf auf dem Sattel klebst, könntest du die Landschaft genießen und dich mit interessanten Menschen austauschen, die du auf der Reise triffst.

Der Vergleich mit dem Radfahren ist nicht so weit hergeholt. Professor Roy Baumeister, der jahrzehntelang das Phänomen Willenskraft erforscht hat, vergleicht diese mit einem Muskel. Wenn du darauf zurückgreifst, ermüdest du. Wenn du sie trainierst, nimmt sie langfristig zu.

Wenden wir uns zuerst den Ermüdungserscheinungen zu.

Baumeister konnte mit Hilfe einer Vielzahl von Experimenten zeigen: Muss jemand seinen Willen in zwei aufeinanderfolgenden Aufgaben beanspruchen, gelingt ihm dies bei Aufgabe zwei deutlich schlechter. Baumeister nennt dies Ich-Erschöpfung oder Ego-Depletion (Baumeister & Thierney, 2012).

So ließen Baumeister und seine Kollegen (1998) in einem ihrer vielen Experimente Versuchspersonen an Geometrieaufgaben arbeiten. Fies: Die Aufgaben waren unlösbar. Es ging nur darum, festzustellen, wie lange sich die armen Versuchspersonen daran die Zähne ausbeißen, bevor sie aufgeben.

Es wird noch gemeiner: Die Versuchspersonen durften davor den ganzen Tag nichts essen und wurden vor dem Experiment in einen Raum geführt, in dem es herrlich nach frisch gebackenen Plätzchen roch. Auf dem Tisch standen Plätzchen, Schokolade und Radieschen. Per Zufall wurden die Versuchspersonen in drei Gruppen eingeteilt. Gruppe eins durfte Schokolade und Plätzchen naschen, Gruppe zwei nur die Radieschen. Eine dritte Gruppe hatte ebenfalls nichts gegessen, startete aber gleich mit den Geometrie-Aufgaben.

Wie die Forscher mit Blick durch die Einwegscheibe feststellen konnten, benötigten die Teilnehmer der Radieschen-Gruppe eine gehörige Portion Selbstdisziplin, um den Plätzchen zu widerstehen. Sie litten sichtlich. Einige schnüffelten sogar daran, aßen aber tatsächlich nicht davon.

Es zeigte sich, dass die Plätzchen-Esser und die Gruppe, die zwar nichts gegessen hatte, aber gleich mit den Geometrie-Aufgaben beginnen konnten, sich im Durchschnitt zwanzig Minuten lang an den Aufgaben versuchten, bis sie schließlich aufgaben. Die Radieschen-Gruppe hatte hingegen schon so viel Selbstdisziplin aufbringen müssen, um den Plätzchen zu widerstehen, dass ihnen bereits nach acht Minuten die Puste ausging.

In einem anderen Experiment mussten die Probanden einen traurigen Film schauen und dabei ihre Gefühle unterdrücken oder besonders stark zum Ausdruck bringen. Die dritte Gruppe, die den Film schauen durfte, ohne ihre Gefühle bewusst zu steuern, hielt bei der nachfolgenden Muskelübung länger durch.

Diese und weitere Experimente zeigen: Müssen wir in einem Bereich unseres Lebens unseren Willen anstrengen und uns in Disziplin üben, gelingt uns dies in einem anderen Bereich weniger gut – auch dann, wenn diese sehr unterschiedlich sind.

Dies gilt besonders dann, wenn wir dicht hintereinander in zwei Situationen geraten, die uns Willenskraft abfordern (eine

Übersicht über die Experimente findet sich in Muraven, Tice & Baumeister, 1998; Baumeister, Vohs & Tice, 2007 sowie Baumeister & Thierney, 2012).

Doch wann genau benötigen wir Selbstdisziplin? Eigentlich immer dann, wenn wir unsere Handlungen aktiv und bewusst in eine bestimmte Richtung lenken müssen. Zum Beispiel um:

- einem Wunsch oder Bedürfnis zu widerstehen (»Das isst du jetzt nicht!«)
- ein Gefühl zu unterdrücken (»Lass dich von dem Typen nicht provozieren. Du sagst besser nichts!«)
- eine Ablenkung bewusst auszublenden und bei der Sache zu bleiben (»Nein, du machst das noch fertig, bevor du die SMS liest.«)
- uns dazu aufzuraffen, an einer unangenehmen Aufgabe zu arbeiten (»Du bleibst jetzt dran – egal ob es dir stinkt!«)
- Entscheidungen zu treffen (»Wo muss ich anfangen? Sollte ich X oder Y mehr Zeit widmen?«)

Wenn wir einen üblichen Tag in Gedanken durchgehen, merken wir: Wir finden uns erstaunlich oft in solchen Situationen wieder. Wir müssten an der Arbeit schreiben, möchten aber lieber unsere Freunde treffen. Wir sitzen in einer mäßig interessanten Vorlesung und müssen dagegen ankämpfen, einen Blick auf das Handy zu werfen. Wir fühlen uns frustriert, weil wir eine Aufgabe nicht lösen konnten – und beanspruchen unseren Willen, um uns nochmals darauf einzulassen. Wir regen uns über die WG-Kollegen auf, halten uns aber mit Kritik zurück, um keinen Streit vom Zaun zu brechen.

Aufschieber verbraten ihre Willenskraft

Bei genauerer Betrachtung verbrauchen Aufschieber enorm viel Willenskraft für erstaunlich wenig Output. Im ersten Kapitel hast du die Müllzeit kennengelernt und du hast erfahren, dass du diese Zeitform daran erkennst, dass du dich danach einerseits erschöpft und ausgelaugt fühlst, andererseits kaum etwas erreicht hast.

Doch warum verbraucht Müllzeit deine Willenskraft?

Ganz einfach: Du bist während der Müllzeit nie ganz bei einer Sache. Vielmehr fühlt es sich an wie ein endloser innerer Kampf. Wenn du arbeitest, möchtest du alles andere tun. Du lässt dich ablenken, suchst nach Ausreden, um später anzufangen, und bist voller innerer Widerstände. Ständig musst du gegen den Impuls ankämpfen, etwas anderes zu tun. Schließlich stehst du auf und schaust TV, putzt die Wohnung oder liest etwas – aber du kannst dich kaum darauf konzentrieren, weil die unerledigten Aufgaben an dir nagen und sich immer wieder in deinen Kopf schieben. Permanent musst du dich von den Sorgen, die dich plagen, losreißen. Merkst du, wie sich währenddessen deine Batterien leeren?

Aufschieber verbrauchen auch deshalb so viel Willenskraft, weil sie die Arbeit abwerten (»Warum muss ich diesen Mist machen?«, »Diese Arbeit verstaubt doch eh nur in der Bibliothek«) und ihre Fortschritte kleinreden (»Das ist doch nur ein Tropfen auf den heißen Stein. Du bist wieder nicht richtig vorangekommen«). Dadurch wird die Arbeit so unangenehm, dass es tatsächlich unmenschliche Disziplin erfordert, endlich damit anzufangen und dabeizubleiben.

Dieser innere Kampf fühlt sich an, als würdest du dir ständig vornehmen, einen steilen Hang hochzufahren, während du dir gleichzeitig einredest, wie sinnlos und mühsam Sport ist und wie schlapp du bist. Du bist angespannt, deine Muskeln brennen, aber du kommst kaum vom Fleck.

Da du bereits viele Übungen gemacht hast, um deine Müllzeit zu reduzieren, hast du vielleicht schon gemerkt, wie sehr du davon profitierst, wenn du deine Willenskraft ganz bewusst und gezielt für einen Moment einsetzt und ...

- dir ein kleines Versprechen abgibst und es einhältst.
- dich überwindest und für zehn Minuten mit einer Aufgabe beginnst.
- dir eine konkrete Aufgabe aus deinem Aufgaben-Menü vornimmst und zu Ende führst.

Vielleicht hast du auch erfahren, wie sich deine Willenskraft erholt, wenn du dich danach entspannst, dir echte Freizeit erlaubst und diese in vollen Zügen genießt.

Du kannst jedoch noch mehr tun, um deine Willenskraft zu schonen.

Ständig lockt die Versuchung

Aufschieben wird umso wahrscheinlicher, je mehr Ablenkung vorhanden ist. Je impulsiver du bist, je weniger Selbstdisziplin du hast, desto schwerer fällt es dir wiederum, Ablenkungen auszublenden und Versuchungen zu widerstehen.

Eine wichtige Strategie gegen das Aufschieben besteht folglich darin, möglichst viele Ablenkungen von vornherein auszuschalten. Dadurch musst du weniger Willenskraft aufbieten, um auf Kurs zu bleiben.

Wenn es dir wie vielen Aufschiebern geht, ist beim Lesen der letzten Zeilen dein innerer Widerstand gewachsen. Vielleicht siehst du dich bei Sätzen wie »Ablenkungen von vornherein ausschalten« bereits freudlos und von Langeweile gequält in einem kahlen Zimmer am Pult sitzen und an stupiden Aufgaben schuften.

Wenn wir von Ablenkung sprechen, müssen wir jedoch genauer hinschauen.

Ich selbst kann beispielsweise in einem Büro kaum arbeiten. In dieser Umgebung wird mir langweilig. Sie ist äußerlich reizarm, führt aber dazu, dass mich meine Innenwelt ablenkt. Je langweiliger die Umgebung ist, desto mehr lenken mich Gedanken, innere Bilder und konkurrierende Wünsche von der Arbeit ab.

Am besten konzentrieren kann ich mich in einem Café oder im Restaurant eines Zugs. Während mich Stille unruhig macht, hilft mir die richtige Musik oder ein moderater Hintergrundlärm dabei, mich zu fokussieren. Wenn ich beim Schreiben nicht weiterkomme, hilft es mir, wenn ich kurz aus dem Zugfenster auf die Landschaft schauen darf. Beim Blick auf eine kahle Betonwand möchte ich hingegen am liebsten davonlaufen.

Es hängt von deinem Typ ab, ob du eher eine anregend-stimulierende oder ruhige Umgebung brauchst, um dich fokussieren zu können.

Menschen mit Aufmerksamkeitsproblemen driften beispielsweise rasch in einen Zustand der Unteraktivierung ab. Sie fühlen sich gelangweilt, wenn nichts los ist, und können sich dadurch schlechter konzentrieren. So hat man beispielsweise festgestellt, dass sich Kinder mit Aufmerksamkeitsproblemen in einem Test an mehr erinnern konnten, wenn sie während der Lernphase Hintergrundgeräusche hörten. Sogar bei Mathematik-Aufgaben schnitten sie besser ab, wenn im Hintergrund Musik in moderater Lautstärke zu hören war (Söderlund, Sikström, Loftesnes & Barke, 2010; Abikoff, Courtney, Szeibel & Koplewicz, 1996; Scott, 1970; beide zit. nach Zentall, 2005).

Musik, Hintergrundlärm, die Landschaft, die im Zug an dir vorbeizieht, die Freundin, die dir gegenübersitzt und lernt, sind nicht per se eine Ablenkung. Sie können dir dabei helfen, dich zu fokussieren und Widerstände gegen die Arbeit abzubauen.

Ob etwas eine Ablenkung ist, hängt davon ab, was es in dir auslöst. Je besser du dich kennst und je selbstkritischer du hinsiehst, desto besser kannst du für eine förderliche Umgebung sorgen.

Oftmals sind es Details, die viel ausmachen. Musik kann förderlich sein. Wenn sie dich allerdings zum Hinhören und Mitsingen animiert, lenkt sie dich ab. Wenn du sie nach einigen Minuten gar nicht mehr wahrnimmst, hast du die richtigen Songs ausgewählt. Eine Musikdatei ist besser als Radio – das merkst du daran, dass deine Konzentration sofort gestört wird, sobald die Musik durch den Radiosprecher oder eine Werbung unterbrochen wird.

In Seminaren lasse ich die Studierenden Experimente durchführen. Sie lernen eine Woche lang an unterschiedlichen Orten: zu Hause, in der Bibliothek, im Café. Sie lernen alleine und zu zweit, mit und ohne Musik. Hören wir uns an, was sie zu berichten haben.

Tina: »Zu Hause kann ich nicht arbeiten. Ich lasse mich ständig und von allem ablenken. Arbeiten, die Konzentration erfordern, anstrengend oder unangenehm sind, erledige ich grundsätzlich nicht zu Hause. Am leichtesten fällt mir das Lernen und Schreiben, wenn ich mich mit Sonja treffe. Sie studiert zwar Geschichte und ich Pädagogik, aber sie ist meine wichtigste Lernpartnerin. Zu Hause würde ich den Fernseher einschalten, wenn ich nicht weiterkomme. Aber wenn ich mich mit Sonja treffe ist klar: Jetzt wird gelernt. Ich kann doch nicht nach 10 Minuten nach Hause gehen, nur weil es mir stinkt – schließlich haben wir vereinbart, dass wir drei Stunden lernen und dann ins Kino gehen. Das Handy bleibt auch aus – sonst gibt es einen bösen Blick von ihr!«

Stefan: »Ich brauche Ruhe beim Lernen – aber wenn ich alleine bin, werde ich unruhig. Ich war überrascht, wie gut ich in der Bibliothek lernen kann. Für mich ist es allerdings wichtig, nicht in der Bibliothek meiner Fakultät zu lernen. Dort kenne ich zu viele Leute – und es stresst mich, wenn die alle so fleißig aussehen. Die Mediziner haben eine schöne Bibliothek mit einem großen Lesesaal. Diese Campus-Stimmung hat mich eingefangen.«

Willi: »Ich habe meine Musiksammlung durchgesehen und bemerkt, dass es bestimmte Musikstücke gibt, die mir das Arbeiten erleichtern. Daraus habe ich mir zwei Playlists mit jeweils zwölf Songs erstellt, die ich nur beim Lernen höre. Sobald ich die Musik einschalte, beginne ich. Wenn die Playlist zu Ende ist, lege ich eine Pause ein. Dieses Lernen im Rhythmus der Musik gefällt mir. Es hilft mir dabei, anzufangen, dranzubleiben und rechtzeitig Pausen zu machen.«

Übung 17: Stelle dir optimale Bedingungen zusammen

Welche äußeren Bedingungen erleichtern dir die Arbeit? Experimentiere diese Woche mit unterschiedlichen Settings und erforsche, was förderlich beziehungsweise hinderlich ist. Vergib einen Wert von 1 (das lenkt mich ab) bis 10 (das erleichtert mir das Arbeiten wesentlich):

Wie gut kannst du an den folgenden Orten lernen?

Zu Hause im Zimmer: ______________________

Zu Hause im Wohnzimmer/ in der Küche: ______________

In der Bibliothek: ________________________

Im Zug: _____________________________

Draußen: ____________________________

Wie wirken sich die folgenden Faktoren aus?

Musik: _____________________________

Lernpartner/in: ________________________

NUTZE DEINE PRIME-TIME

Aufschieber glauben, später geht's besser

Macher wissen, wann sie am produktivsten sind

Unsere Willenskraft ist über den Tag hinweg Schwankungen ausgesetzt. Nach einer Pause ist sie größer. Besonders dann, wenn wir etwas Kleines gegessen haben.

Wenn du dich einer komplexen und anspruchsvollen Tätigkeit widmen möchtest wie dem Schreiben einer Arbeit oder dem Lernen, solltest du dafür die besten Zeiten des Tages reservieren.

Ein Stück weit sind diese individuell. Andererseits folgt die Leistungskurve einem Verlauf, der bei den meisten Menschen ähnlich aussieht.

Die ersten eineinhalb bis zwei Arbeitsstunden des Tages sind bei den allermeisten Menschen die produktivsten. An Tagen, an denen du deine Arbeitszeit frei einteilen kannst, gilt: Wage dich als Erstes an die wichtigste Aufgabe. Ein schöner Nebeneffekt besteht darin, dass du auf diese Weise bereits zu Beginn des Tages das schöne Gefühl erleben darfst, ein gutes Stück vorangekommen zu sein.

Ob du eine Eule oder eine Lerche bist, spielt dabei eine untergeordnete Rolle. Bei Morgen- und Nachtmenschen sieht die Kurve ähnlich aus – sie ist lediglich verschoben.

Falls du ein Frühaufsteher bist und um sechs Uhr aufstehst, solltest du die Zeit von sieben bis neun Uhr nutzen.

Ich selbst bin eine Eule und stehe selten vor halb zehn auf. Gegen halb elf sitze ich meist im Café und stürze mich bis halb eins auf die wichtigste Aufgabe. In diesen ersten zwei Stunden kriege ich meist so viel hin wie am ganzen Rest des Tages.

Sobald du weniger Vorlesungen hast und größere Arbeiten schreiben musst, solltest du dir die Freiheit nehmen, auf deinen Biorhythmus zu achten.

Experimentiere auch mit etwas verrückten Arbeitszeiten. Während des Studiums hatte ich oft spät abends ein Leistungshoch. Ich habe es genossen, abends von acht bis elf Uhr zu arbeiten, dann bis morgens um vier Uhr auszugehen, fernzusehen, mit den WG-Kollegen zu reden oder Zeit mit der Freundin zu verbringen und morgens lange auszuschlafen.

Spät abends oder sogar in der Nacht zu lernen und zu schreiben scheint vielen Aufschiebern leichter zu fallen. Immer wieder haben mir Studierende berichtet, dass sie nachts fokussierter sind und sich weniger leicht ablenken lassen.

Jonas meinte dazu: »Für mich hat es etwas Besonderes, tief in der Nacht zu arbeiten. Dieses Gefühl, dass alle schlafen und ich als Einziger noch wach und produktiv bin, beflügelt mich. Ich bin in diesem Moment zudem weniger selbstkritisch.« Ein klarer Batman-Typ.

Wann ist deine Prime-Time? Und wie kannst du dafür sorgen, dass du diese Zeit gut einsetzt?

Übung 18: Experimentiere mit unterschiedlichen Arbeitszeiten
Experimentiere eine Woche lang bewusst mit verschiedenen Arbeitszeiten. Trage die jeweilige Arbeitszeit in das erste Feld ein. In den übrigen Feldern vergibst du Noten dafür, wie konzentriert und motiviert du zur jeweiligen Tageszeit arbeiten konntest. Über mehrere Versuche hinweg wirst du ein klareres Bild über deine besten Arbeitszeiten gewinnen.

ARBEITSZEIT	NOTE	NOTE	NOTE

WERDE PRODUKTIV: DURCH PAUSEN UND EIN KURZES NICKERCHEN

Aufschieber arbeiten bis zur Erschöpfung

Macher gönnen ihrem Gehirn regelmäßig eine Erfrischung

Wenn du müde bist, schwächelt auch dein Wille. Nun bist du in Gefahr, dich ablenken zu lassen: Nur kurz Facebook checken, einen Artikel lesen oder ein YouTube-Video ansehen, dann geht es besser. Wirklich?

Nach diesem Ausflug bist du nur noch träger. Du rutschst in die Müllzeit und hast am Ende nichts gemacht, dafür Kopfschmerzen und ein schlechtes Gewissen.

Falls du irgendwie die Möglichkeit hast, legst du dich in diesem Moment am besten kurz ins Bett oder aufs Sofa. Du kannst auch ein Mini-Nickerchen im Sitzen machen, indem du den Kopf auf die Arme legst.

Damit wechselst du von der Arbeitszeit direkt in die Erholungszeit und lädst deine Batterien wieder auf.

Früher habe ich oft gegen die Müdigkeit gekämpft. Heute habe ich mir angewöhnt, mich einfach kurz hinzulegen. Dabei habe ich bemerkt: Nach fünfzehn Minuten Mittagsschlaf erreiche ich in neunzig Minuten deutlich mehr als in drei Stunden, in denen ich müde und unkonzentriert bin.

Die meisten Menschen haben am späten Nachmittag nochmals ein Leistungshoch. Dieses lässt sich durch einen Powernap nach dem Mittagessen verstärken.

Neben einem Mittagsschläfchen helfen dir Pausen dabei, Willenskraft zu tanken.

Schalte rechtzeitig eine Pause ein

Wenn wir uns konzentrieren, verbrauchen bestimmte Teile unseres Gehirns Glukose. Gehen die Vorräte zur Neige, wird es wesentlich anstrengender, bei der Sache zu bleiben. Auch hier greift die Analogie zum Muskel. Nachdem du ein Gewicht einige Male gestemmt hast, sind deine Muskeln erschöpft. Durch schiere Willenskraft kannst du nun noch einige Bewegungen erzwingen – oder eine Pause machen und deinen Muskeln Erholung gönnen.

Obwohl uns allen klar ist, dass Pausen wichtig sind, machen viele Studierende zu spät und zu selten Pausen. Besonders die Aufschieber lernen oft bis zur Erschöpfung.

Doch wann solltest du eine Pause machen? Die Antwort lautet: Bevor du sie brauchst. Wenn du pausierst, bevor du müde bist:

- empfindest du die Arbeit als weniger anstrengend
- bist du nach der Pause schneller wieder frisch
- gelingt es dir leichter, wieder in die Arbeit einzusteigen

Wann du Pause machen solltest, hängt von deiner Persönlichkeit, Tagesform, der Art der Arbeit, deinen Interessen etc. ab. Daher kann ich dir nicht sagen, wann du idealerweise Pausen einlegen solltest. Auch hier gilt: Experimentiere mit unterschiedlichen Zeiten, um die ideale Zeitspanne für dich zu finden.

Ich selbst profitiere am meisten von einem Arbeitstag, wenn ich mir circa fünf Arbeitsstunden auf den Tag verteile. Dabei arbeite ich gerne von zehn bis zwölf Uhr, von fünfzehn bis siebzehn Uhr und am Abend nochmals eine Stunde. Mehr Zeit mit der Arbeit zu verbringen führt bei mir meist nur dazu, dass sich die Müllzeit erhöht. Achte einmal ganz bewusst darauf, ob auch bei dir weniger nicht mehr ist und du nicht komischerweise produktiver wirst, wenn du weniger Zeit mit Lernen verbringst. Frage dich dazu, wie du die Arbeitsstunden legen müsstest, damit du diese so gut wie möglich nutzen kannst.

Übung 19: Experimentiere mit Pausen und Nickerchen
Im Folgenden findest du eine Zusammenstellung verschiedener Pausen-Typen. Experimentiere damit und finde einen Mix, der für dich stimmt.

Mini-Pausen: Streue ab und zu Mini-Pausen ein. Dazu bleibst du an deinem Platz und machst kurz die Augen zu oder schaust zum Fenster hinaus. Gib deinem Geist eine kurze Verschnaufpause.

Kurze Pausen: Probiere verschiedene Pausen-Rhythmen aus. Mache alle dreißig, fünfundvierzig oder sechzig Minuten eine Pause von fünf bis fünfzehn Minuten. Iss etwas Kleines, höre ein wenig Musik, leg dich kurz hin. Die Pause sollte aus etwas bestehen, das deinen Geist beruhigt. Halte dich von Medien fern. Mir selbst bringt ein kurzer Spaziergang nach etwa neunzig Minuten am meisten.

Längere Pausen: Nach einer längeren Arbeitsphase solltest du dir eine größere Pause gönnen. Achte darauf, dass du dich dabei wirklich erholen kannst. Mach beispielsweise nach dem Mittagessen zunächst ganz bewusst ein Nickerchen oder einen Spaziergang oder Sport, bevor du dich wieder auf die Arbeit einlässt.

Werte aus, wie effektiv für dich die einzelnen Pausentypen sind.

So nützlich sind für mich Mini-Pausen:

1	2	3	4	5
☐	☐	☐	☐	☐

Ich profitiere am meisten, wenn ich während der Mini-Pause:

____

So nützlich sind für mich kurze Pausen von fünf bis fünfzehn Minuten:

1	2	3	4	5
☐	☐	☐	☐	☐

Ich profitiere am meisten, wenn ich nach __________ Minuten eine Pause einlege.

Meine besten Kurz-Pausen sind:

- ▶ ____
- ▶ ____
- ▶ ____

So nützlich ist für mich ein Nickerchen nach dem Mittagessen:

1	2	3	4	5
☐	☐	☐	☐	☐

LASS ROUTINEN FÜR DICH ARBEITEN

Aufschieber verplempern Zeit und Energie mit unnötigen Entscheidungen

Macher lassen die Macht der Gewohnheit für sich arbeiten

Du benötigst Willenskraft, um eine Entscheidung zu treffen.

Dieser Willensprüfung kannst du entgegenwirken, indem du dein Leben so strukturierst, dass du weniger Entscheidungen treffen musst. Diefendorff und Kollegen (2006) untersuchten in einer Studie, wie sich unterschiedliche Charakteristika des Berufs darauf auswirken, wie effektiv Aufschieber arbeiten. Dabei wurde insbesondere ein Aspekt des Aufschiebens untersucht: die Startschwierigkeiten. Die Studie zeigt, dass Aufschieber genauso effektiv arbeiten können wie Menschen mit mehr Selbstdisziplin, wenn sie mit ihrem Beruf zufrieden sind und sich dafür engagieren. Eine zweite Dimension erwies sich in der Studie jedoch als ebenso effektiv: Routine. Unter klaren, vorgegebenen Abläufen wurden die Aufschieber deutlich produktiver.

Routinen befreien dich von Willensanstrengungen, zum Beispiel von der mühsamen Frage, ob du jetzt beginnen solltest oder lieber noch etwas warten möchtest. Sie lenken dein Leben in sichere Bahnen und schaffen damit das Fundament für Produktivität und Kreativität.

Die meisten bekannten Schriftsteller, Künstler und Unternehmer schwören auf feste Gewohnheiten.

Stephen King setzt sich jeden Morgen zur gleichen Zeit an die Arbeit. In Lisa Rogaks Biographie des Schriftstellers lesen wir: »I have my vitamin pill and my music, sit in the same seat, and the papers are all arranged in the same places. The cumulative purpose of doing these things the same way every day seems to be a way of saying to the mind, you're going to be dreaming soon.«(2009, S. 93)

Auch der berühmte japanische Schriftsteller Haruki Murakami scheint sich durch Routinen in eine Art Arbeits-Trance zu versetzen. In einem Interview mit John Wray sagt er: »I keep to this routine every day without variation. The repetition itself becomes the important thing; it's a form of mesmerism. I mesmerize myself to reach a deeper state of mind.« (Wray, J., 2004)

Gustave Flaubert bringt die sonderbare Verbindung von Gewohnheiten und Kreativität 1876 in einem Brief an Gertrude Tennant auf den Punkt: »Sei gewöhnlich und beständig in deinem Leben, damit du originell und gewaltig in deiner Arbeit sein kannst.« (Soyez réglé dans votre vie et ordinaire comme un bourgeois, afin d'être violent et original dans vos œuvres.)

Die Routinen der Großen unterscheiden sich stark. Die Gemeinsamkeit besteht darin, dass sie im Laufe der Zeit bestimmte Abläufe installierten, an denen sie festhielten.

Über Gewohnheiten musst du nicht nachdenken. Du musst dich nicht anstrengen, um sie einzuhalten. Damit kannst du deine Willenskraft und deine Denkkapazität für deine Aufgaben einsetzen.

Das bewusste Installieren einer Gewohnheit erfordert Willen. Um ein Ritual oder eine Routine auszubilden musst du darauf achten, etwas über eine bestimmte Zeit hinweg in einer bestimmten Art und Weise zu tun. Mit der Zeit werden diese Abläufe zu einer liebgewonnenen Gewohnheit. Du benötigst immer weniger Willenskraft, um sie weiterzuführen. Ab diesem Zeitpunkt unterstützen sie dich beim Erreichen deiner Ziele.

Doch wie lange dauert es, eine Routine auszubilden? Manche Ratgeber sprechen von einundzwanzig Tagen. Die Forschung kommt jedoch zum Schluss, dass es meist länger dauert.

Die Psychologin Phillippa Lally und ihr Team (Lally, van Jaarsveld, Potts & Wardle, 2010) wollten es genau wissen.

Für ihre Studie konnten sie sechsundneunzig Personen gewinnen, die eine neue Gewohnheit installieren wollten. Manche wählten etwas Einfaches wie »Zu jedem Essen eine Flasche Wasser trinken«, andere setzten sich anspruchsvollere Ziele wie »Jeden Tag fünfzehn Minuten joggen«.

Jeden Tag gaben die Versuchspersonen an, ob sie der neuen Gewohnheit nachgegangen sind und wie »automatisch« sich die neue Verhaltensweise angefühlt hat.

Im Schnitt dauerte es mehr als zwei Monate, nämlich sechsundsechzig Tage, bis das neue Verhalten zu einer festen Gewohnheit wurde. Die Spannbreite war mit achtzehn bis zweihundertvierundfünfzig Tagen jedoch groß: Es zeigten sich Unterschiede zwischen den Personen und den Tätigkeiten.

Aber auch hier kannst du auf einige Punkte achten, damit du nicht zu viel Willenskraft benötigst. Gewohnheiten lassen sich leichter und rascher in deinen Alltag einbauen, wenn:

- sie bereits zu Beginn mit dir harmonieren. (Als Nachtmensch könnte ich beispielsweise auf die Idee kommen, immer um sieben Uhr aufzustehen und um acht Uhr in der Bibliothek zu sitzen. Da ich vor ein Uhr morgens kaum einschlafen kann und mich nicht gerne in Bibliotheken aufhalte, wäre das allerdings dumm und von vornherein zum Scheitern verurteilt.)
- du bestimmte Handlungen miteinander verknüpfst, indem du immer die gleiche Reihenfolge einhältst.
- du von bereits bestehenden Abläufen ausgehst und eine weitere Handlung daran knüpfst.

- du das Ritual täglich pflegst anstatt nur an bestimmten Wochentagen.
- du jeweils nur eine neue Gewohnheit auf einmal installierst.
- du als ersten Teil der Handlungskette etwas wählst, das du gerne tust. Dies erleichtert es dir, das gesamte Ritual einzuhalten. Die positive Stimmung, die der erste Teil auslöst, erleichtert dir den Einstieg in die Arbeit.

An Tagen, an denen ich morgens keine Termine oder Seminare habe, sieht meine Routine wie folgt aus:

1. Ausschlafen, aufstehen, duschen.
2. Ins Café gehen, Kaffee bestellen und fünfzehn Minuten Zeitung lesen.
3. Laptop einschalten und mit der wichtigsten Aufgabe beginnen.

Gibt es etwas, das du ohnehin bereits jeden Tag und gerne tust? Könntest du eine Arbeitsphase damit verknüpfen? Du musst nicht zu weit denken.

Beginne mit etwas Einfachem. Zum Beispiel:

- Immer wenn ich zu Bett gegangen bin, wiederhole ich vor dem Einschlafen kurz, was ich heute gelernt habe.
- Jeweils direkt nach dem Abendessen bleibe ich noch sitzen und überlege ein paar Minuten, welche ein bis zwei Dinge ich am nächsten Tag unbedingt erledigen möchte. Diese schreibe ich mir auf ein Post-it / tippe ich mir ins Handy.
- Nachdem ich geduscht und mich angezogen habe, gehe ich direkt in die Bibliothek / den Lesesaal / die Cafeteria der Uni und lerne für mindestens fünfundvierzig Minuten.
- Nach dem Aufstehen mache ich mir einen Kaffee, frühstücke, mache es mir im Pyjama gemütlich und lese noch vor dem Anziehen dreißig Minuten für die Uni.

Übung 20: Installiere eine Gewohnheit

Überlege, welche Gewohnheit dir die Arbeit am meisten erleichtern würde. Schreibe sie hier auf:

___

___

___

___

___

Überlege dir auch, wie du dich an die neue Gewohnheit erinnern könntest:

___

___

___

___

___

Wie hilfreich war die Übung für dich?

1	2	3	4	5
☐	☐	☐	☐	☐

STÄHLE DEINEN WILLEN

Aufschieber geben klein bei

Macher beißen sich durch

Dieses und die nächsten Kapitel helfen dir dabei, mehr Selbstdisziplin zu entwickeln. Du nimmst gezielt den Kampf gegen den inneren Schweinehund auf.

Setze dir als Erstes das Ziel, dich für einen bestimmten Zeitraum in einem bestimmten Bereich in Willenskraft zu üben und deinem inneren Schweinehund gezielt eins auszuwischen.

Ein solches Ziel könnte lauten: Ich werde morgen vierzig Minuten sitzenbleiben und an meiner Arbeit schreiben. Egal wie schlecht ich mich dabei fühle, egal wie wenig ich zustande bringen: Ich bleibe dran!

Es sollte bei diesem Ziel nicht darum gehen, eine bestimmte Menge zu lernen oder zu schreiben. Du nimmst dir ausschließlich vor, dich durch nichts und niemanden von der Arbeit abbringen zu lassen.

Das größte Problem vieler Aufschieber besteht darin, dass sie nicht bereit sind, unangenehme Gefühle auszuhalten. Diese treten in Form von Unsicherheiten und Blockaden beim Schreiben und Lernen jedoch regelmäßig auf. Entsprechend viel ist gewonnen, wenn du die Fähigkeit erwirbst, trotz Unlustgefühlen dranzubleiben.

Je öfter es dir gelingt, dich in diesen Momenten auf die Arbeit zu fokussieren und trotz Langeweile, Unsicherheit, Angst, Ärger oder Hilflosigkeit weiterzumachen, desto stärker wird deine Willenskraft. Mit der Zeit wird es dir immer leichter fallen, schwierige Situationen zu überwinden.

Übung 21: Härte dich ab

So du Tapfere/r, jetzt wird es ernst. Schreibe hier eine besonders widerliche, geradezu verhasste Arbeit auf, der du dich stellen willst, um deine Willenskraft zu trainieren:

Kreuze einen Zeitraum an, für den du dich der Aufgabe stellen willst, ohne aufzugeben. Du kannst aus verschiedenen Schwierigkeitsgraden auswählen:

☐ 5 Minuten: Knappe/Hofdame
☐ 15 Minuten: Rekrut/Bogenschützin
☐ 30 Minuten: Offizier/Anführerin
☐ 60 Minuten: Held/Amazone
☐ 90 Minuten: Berserker/Kriegerprinzessin

Achte darauf, dass du im Berserker/Kriegerprinzessinnen-Modus nach fünfundvierzig Minuten eine zehnminütige Pause einlegst, um deine Willenskraft zu regenerieren.

Schreibe hier auf, welche Erfahrungen du dabei gemacht hast. Welchen Schwierigkeitsgrad hast du gemeistert? Was traust du dir als Nächstes zu? Was brauchst du, um ein Level aufzusteigen?

Die nächsten Kapitel geben dir weitere Werkzeuge mit auf den Weg, um deine Willenskraft auszubauen!

PFEIF AUF POSITIVES DENKEN

Macher verwirklichen ihre Träume

Aufschieber schwelgen nur darin

Wenn wir uns unsere Ziele und Träume nur intensiv genug vorstellen, haben wir sie bereits zur Hälfte erreicht.

Dieser Satz wird in leicht abgewandelter Form überall auf der Welt von Motivationstrainern, Coaches und in Büchern weitergegeben.

Wir tun gut daran, diese Annahme zu hinterfragen: Es könnte sich um ein Märchen handeln. Dies behauptet keine Geringere als die bekannte Professorin Gabriele Oettingen, die ihr gesamtes Forscherleben der Frage gewidmet hat, wie wir unsere Träume verwirklichen können.

Sie wollte genauer wissen, welchen Effekt es hat, wenn wir uns intensiv unseren Träumen und Zielvorstellungen widmen. Sie leitete übergewichtige Frauen dazu an, sich bildlich auszumalen, wie wohl sie sich nach dem Diätprogramm fühlen würden. Bewerber auf Jobsuche sollten sich vorstellen, wie sie beim Bewerbungsgespräch brillierten, und Studierende sollten ihren Prüfungserfolg gedanklich vorwegnehmen und darin schwelgen.

Die Resultate überraschten sie. Sie standen im krassen Gegensatz zu den üblichen Erwartungen. Je positiver die Phantasien der Teilnehmer/innen waren, desto:

- weniger nahmen sie ab
- seltener fanden sie eine Stelle
- schlechter fielen die Noten aus (vgl. Oettingen, 2014; Oettingen & Mayer, 2002).

Während uns begründeter, auf Erfahrungen basierender Optimismus dabei hilft, Ziele zu erreichen, scheinen uns Träumereien daran zu hindern.

Wie Gabriele Oettingen und ihre Forschergruppe herausfanden, fühlen wir uns pudelwohl, wenn wir uns unseren Tagträumen hingeben. Während wir unserem Gehirn vorgaukeln, dass wir unser Ziel bereits erreicht haben, entspannen wir uns. Der systolische Blutdruck sinkt (vgl. Kappes & Oettingen, 2011).

Der Haken: Dies senkt unsere Bereitschaft, zur Tat zu schreiten. Wenn wir unserem Gehirn das Gefühl geben, bereits am Ziel zu sein, wird es uns nicht mit der nötigen Energie versorgen, die wir brauchen, um uns auf den Weg zu machen.

Gleichzeitig blenden wir in unseren Träumereien Schwierigkeiten aus. Wir stellen uns vor, wie großartig es sich anfühlen wird, wenn wir unser Ziel erreicht haben – und wie leichtfüßig wir uns dorthin bewegen. Wie unser junger Schriftsteller im Kapitel »Verbringe dein Leben nicht auf dem Beifahrersitz« träumen wir von »sich im Fluss befindlichen Werken«. Die Realität holt uns spätestens dann ein, wenn wir vor den Büchern oder dem leeren Blatt sitzen. Wir verstehen Textstellen und Formeln nicht, unser Gehirn fühlt sich taub an und eine bleierne Müdigkeit kriecht uns in die Glieder. So hatten wir uns das in unseren Träumen ganz und gar nicht vorgestellt.

Wenn wir Erfolg haben und unsere Ziele erreichen möchten, müssen wir nach Gabriele Oettingen jedoch genau das tun: Wir sollten uns nicht nur mit unseren Wunschträumen, sondern auch mit den Widrigkeiten auf dem Weg dorthin befassen! Tun wir dies nicht, geben wir zu rasch auf, wenn die Realität uns einholt.

Sie rät uns dazu, Ziele mental zu kontrastieren, und versteht darunter einen Prozess, bei dem wir uns zunächst unseren Träumen hingeben und uns anschließend fragen, was uns daran hindert, uns auf den Weg zu machen.

Das mentale Kontrastieren kann auf kleine wie auch große Ziele angewandt werden. Eine Besonderheit dieser Methode ist: Sie hilft dir nicht nur dabei, deine Ziele zu erreichen – sie macht dir auch bewusst, von welchen Zielen du dich lösen solltest, und erleichtert dir diesen Schritt (Oettingen, Pak & Schnetter, 2001). Indem du dir sowohl das bestmögliche Ergebnis vorstellst als auch die Hindernisse, die dich bisher vom Handeln abgehalten haben, löst du einen Prozess des inneren Abwägens aus. Manchmal merkst du: Dieses Ziel ist mir wichtig und das Hindernis bei näherer Betrachtung kleiner, als ich gedacht habe. Dann findest du die nötige Energie, um endlich loszulegen.

Manchmal stellst du fest: Das Ziel wirkt wenig anziehend – die inneren Widerstände hingegen sind bedeutsam und die Wahrscheinlichkeit, es zu erreichen, gering. In diesem Fall kommst du vielleicht zum Schluss, dass du das Ziel fallenlassen möchtest.

Beides kann deiner Willenskraft einen gehörigen Schub verpassen. Ein Ziel loszulassen, das dich lange beschäftigt hat und an dem du immer wieder gescheitert bist, kann sich anfühlen, als würdest du Ballast abwerfen. Du wirst für anderes plötzlich mehr Energie haben!

Übung 22: Stelle dich den Hindernissen

Wähle dir ein kleines Ziel aus, das du dir für diese Woche vorgenommen hast – oder wage dich gleich an ein großes –, und lass dich auf das mentale Kontrastieren ein.

Schnapp dir einen Block und einen Stift und mach es dir in einem Sessel gemütlich. Denke an ein Ziel, das du erreichen möchtest.

Vielleicht hast du dir vorgenommen für eine bestimmte Prüfung zu lernen. Oder du möchtest endlich mit deiner Seminararbeit beginnen?

Stell dir vor, wie es wäre, wenn du dieses Ziel erreicht hast. Wie würde das bestmögliche Resultat aussehen? Wie würdest du dich fühlen, wenn du das Exposé fertiggestellt oder erfolgreich auf die Prüfung gelernt hast?

Male dir das Ergebnis in allen Farben aus! Halte ein paar Gedanken dazu auf deinem Block fest.

Frage dich nun, was dich daran hindert, zur Tat zu schreiten. Vielleicht fallen dir dazu als Erstes äußere Widrigkeiten ein: Deine WG-Kollegen halten dich davon ab. Es scheint nicht der richtige Zeitpunkt zu sein oder du glaubst, dass du noch nicht alle Informationen hast. Suche weiter, bis du zum Kern vordringst: zum entscheidenden Hindernis. Vielleicht hast du Angst davor, jemanden zu enttäuschen? Oder du fühlst dich dumm, während du an dieser Aufgabe arbeitest? Egal was es ist: Schreibe das Hindernis auf deinen Block.

Geh nun weiter zur letzten Frage: Wie möchtest du diesem Hindernis begegnen? Lass dir auch für diesen Schritt Zeit. Male dir mögliche Szenarien aus und schreibe dir einige Punkte auf.

Wie hilfreich war die Übung für dich?

1	2	3	4	5
☐	☐	☐	☐	☐

ÜBERWINDE JEDES HINDERNIS

Macher können – wenn es sich lohnt – auf einen Marshmallow verzichten

Aufschieber mmnamjam mampf

Kennst du das Marshmallow-Experiment?

Walter Mischel setzte vier- bis sechsjährige Kinder vor einen Marshmallow und gab ihnen die Wahl: Du kannst ihn jetzt essen oder warten, bis ich wiederkomme. Wenn du wartest, bekommst du einen zweiten! Das Experiment wurde zu einer der bekanntesten psychologischen Untersuchungen überhaupt, denn: Jahre später zeigte sich, dass es den Kindern umso besser gelang, ihr Leben zu meistern, je besser sie sich beherrschen konnten. Kinder, die warten konnten, waren als Jugendliche und Erwachsene in Schule und Beruf erfolgreicher, hatten mehr Selbstvertrauen, stabilere Beziehungen und konnten besser mit Stress umgehen. (Eine spannende Übersicht über seine Forschungsarbeiten findest du in Mischels Buch »Der Marshmallow-Effekt: Wie Willensstärke unsere Persönlichkeit prägt« (2015).)

Aufgrund seiner Forschungsarbeiten plädiert Walter Mischel dafür, an der Selbstdisziplin zu arbeiten, wobei er ebenfalls anmerkt, dass man es damit nicht übertreiben sollte.

Der Frage, wie man dabei vorgehen könnte, ging er in mehreren Studien nach. Dabei machte er die Beobachtung, dass die Kinder, die der Verlockung widerstehen konnten, anders mit sich und der Situation umgingen.

Es gelang ihnen besser, sich selbst zu steuern. Sie wussten, wie sie sich ihr Ziel vor Augen halten konnten, wenn die Verlockung am größten war, und konnten die Versuchung ausblenden, indem sie sich auf etwas anderes konzentrierten. Brachte er diese Strategien den anderen Kindern bei, konnten auch diese besser warten.

Als aufmerksamem Leser ist dir bereits aufgefallen, dass es in diesem Buch auffallend oft um deine Gedanken geht. Diese haben einen großen Anteil daran, ob du aufschiebst oder anpackst.

Besonders bedeutsam für deine Fähigkeit, dich selbst zu steuern, ist ein bestimmter Typ von Gedanken: die sogenannten Selbstinstruktionen. Mit Hilfe dieser Gedanken steuerst (instruierst) du dich selbst. Du kannst damit zum Beispiel eine Handlung:

- initiieren (»Fang jetzt einfach an.«)
- hemmen (»Stopp! Die Mails kannst du später lesen – die Seminararbeit ist wichtiger.«)
- bewerten (»Cool, dass du drangeblieben bist!«)
- begründen (»Mach's jetzt, dann bist du ein Stück weiter und kannst den Tag genießen.«)

Du kannst dich umso besser auf die Arbeit einlassen, je mehr deine Gedanken darauf ausgerichtet sind:

- dir den Anfang zu erleichtern
- alternative Beschäftigungen zu hemmen
- Fortschritte positiv zu bewerten
- und Gründe dafür zu finden, weshalb du jetzt lernen oder deine Arbeit schreiben solltest

Der Motivationspsychologe Peter Gollwitzer befasst sich mit ähnlichen Fragestellungen wie Walter Mischel. Seit zwei Jahrzehnten geht er der Frage nach, wie Menschen lernen können, das zu tun, was sie sich vornehmen. Das Ergebnis seiner Forschung lautet: Nichts erhöht die Umsetzungswahrscheinlichkeit stärker als eine klar formulierte Absicht – am besten in Form eines Wenn-Dann-Plans (vgl. Gallo & Gollwitzer, 2007; Gollwitzer & Sheeran, 2006).

Markus hat sich zum Ziel gesetzt, seine Selbstdisziplin zu steigern. Er möchte lernen:

- anzufangen, auch wenn er keine Lust hat
- weiter zu lernen, auch wenn ihn Unsicherheiten plagen
- sich nicht ablenken zu lassen

Dazu hat er sich die folgenden Wenn-Dann-Pläne zurechtgelegt:

- Immer wenn mein Handy-Timer klingelt, dann fange ich sofort an zu lernen.
- Wann immer ich keine Lust habe, dann sage ich mir: »Fünfzehn Minuten schaffst du auch ohne Lust«, und beginne sofort.
- Immer wenn ich das Gefühl habe, dass ich feststecke, dann lese und korrigiere ich Passagen, die ich bereits geschrieben habe.
- Immer wenn ich eine E-Mail erhalte, dann schalte ich das Wifi aus und gehe zurück zu meiner Arbeit.

Er notiert sich diese Gedanken auf Kärtchen und liest sie immer wieder durch. Dazu malt er sich die Situation so plastisch wie möglich aus und stellt sich vor, wie er mit Hilfe der Instruktionen seinen inneren Schweinehund überwindet.

Übung 23: Nimm deinen Schweinehund an die Leine

Was sind deine Gedanken und Störquellen, die dich zum Aufschieben verleiten? Schreibe hier die drei wichtigsten auf:

1. ____

____

2. ____

____

3. ____

____

Formuliere nun Wenn-Dann-Pläne, um dich im richtigen Moment an dein Vorhaben zu erinnern und deine Willenskraft zu aktivieren. Schreibe auf, was du zu dir sagen willst, wenn du schwächelst und dir dein kleiner Teufel einflüstert: »Gib auf. Lass es. Es hat keinen Zweck – du schaffst es nicht.«

1. ____

____

2. ____

____

3. ____

____

Erinnere dich im richtigen Moment an dein Vorhaben

Aufschieber sind trickreich, wenn es darum geht, die eigenen Absichten auszuhebeln. Sie sind überzeugt, dass sie morgen dranbleiben werden. Ist jedoch die Stunde der Arbeit gekommen, erscheint plötzlich anderes wichtiger.

Erinnere dich an dein Ziel. Du kannst dir beispielsweise den Handy-Alarm stellen, der dich an deinen Plan erinnert: Heute von zehn bis elf Uhr Willenskraft-Training! Du schaffst es!

Deine Wenn-Dann-Pläne kannst du vor dem Schlafengehen durchlesen und sie dir mit Post-it-Haftnotizen an den Bildschirm deines Laptops heften.

Überprüfe deinen Trainingsplan

Werte am Abend aus. Wie gut hat dein Willenstraining geklappt?

Falls es funktioniert hat: Vergiss nicht, dir selbst auf die Schulter zu klopfen! Belohne dich ein wenig und sei ein bisschen stolz auf dich.

Falls es nicht geklappt hat: Denke darüber nach, woran es gelegen hat. Ist ein Gedanke aufgetaucht, mit dem du nicht gerechnet hast? Gab es äußere Störungen, die du nicht vorhergesehen hast? Formuliere einen neuen Wenn-Dann-Plan, um diese Situation in Zukunft meistern zu können

Wie hilfreich war die Übung für dich?

1	2	3	4	5
☐	☐	☐	☐	☐

WOOPE DICH INS ZIEL

Noch effektiver als das Mentale Kontrastieren und Wenn-Dann-Pläne ist die Kombination aus beidem (Adriaanse et al., 2010).

Gabriele Oettingen und Peter Gollwitzer haben daraus ein Vier-Schritte-Programm mit dem Namen WOOP entwickelt. Die Buchstaben stehen für Wish, Outcome, Obstacle und Plan. Und so gehst du vor:

1. Wunsch: Denke an etwas, das du erreichen möchtest. Lass Bilder und Gedanken zu diesem Wunsch auftauchen und halte diese fest.
2. Ergebnis: Stelle dir nun vor, wie das bestmögliche Ergebnis aussieht. Entwickle eine lebendige Vorstellung davon.
3. Hindernis: Nun gehst du einen Schritt weiter und fragst dich, was dich bisher daran gehindert hat, dich auf den Weg zu machen. Was ist das entscheidende, persönliche Hindernis?
4. Plan: Wenn du das entscheidende Hindernis gefunden hast, kannst du zum letzten Schritt übergehen. Frage dich, was du tun könntest, um das Hindernis zu überwinden. Formuliere einen Plan in der Form: Wenn das Hindernis beziehungsweise die Situation X auftaucht, werde ich Y denken/tun!

Probiere es gleich aus:

1. Wunsch: ______________________________

____

____

2. Ergebnis: ______________________________

____

____

3. Hindernis: ______________________________

____

____

4. Plan: ______________________________

____

____

Wie hilfreich war die Übung für dich?

1	2	3	4	5
☐	☐	☐	☐	☐

ZUSAMMENFASSUNG: DIE AUFSCHIEBEFORMEL

Bevor wir im zweiten Teil dieses Buches auf einige Arbeitsstrategien eingehen, möchte ich dir die Aufschiebe-Formel von Dr. Piers Steel (2011) vorstellen.

Sie fasst einen Großteil der Forschungsergebnisse zu dieser Thematik in einer Formel zusammen. Mit ihr lässt sich erklären, aus welchen Gründen wir aufschieben und von welchen Strategien wir am meisten profitieren. Vielleicht hast du beim Lesen das eine oder andere Aha-Erlebnis.

Mathe-Muffel müssen jetzt ihren Mut zusammennehmen und sich kurz die Aufschieberformel ansehen (zum Glück hast du bereits deine Willenskraft trainiert!):

$$\frac{\text{Erwartung x Wert}}{\text{Impulsivität x Zeit}} = \text{Motivation}$$

Unsere Motivation scheint somit von vier Faktoren abzuhängen. Sehen wir uns diese im Detail an.

Je geringer die Erfolgserwartung, desto eher schieben wir auf

Mit Erwartungen sind Erfolgserwartungen beziehungsweise Selbstwirksamkeitserwartungen gemeint: Je kompetenter du dich fühlst, desto besser gelingt es dir, die Aufgabe anzupacken. Wenn du dich unsicher fühlst, neigst du hingegen zum Aufschieben. Gedanken der folgenden Art halten dich von der Arbeit ab:

- »Ich weiß gar nicht, wo ich anfangen soll!«
- »Ich konnte noch nie gut schreiben!«
- »Ich habe keine Ahnung, wie dieses Literaturverzeichnis aussehen soll.«
- »Ich bin eh zu blöd.«

Je wertloser die Aufgabe, desto eher schieben wir auf

Nicht nur die Erfolgserwartung bestimmt, ob du eine Aufgabe in Angriff nimmst. Du wägst mehr oder weniger bewusst auch ab, wie wichtig diese Aufgabe ist. Je sinn- und wertloser sie dir erscheint, desto größere Mühe wirst du damit haben, dich aufzuraffen. Du erkennst, dass du den Wert einer Arbeit anzweifelst, wenn dir Gedanken der folgenden Art durch den Kopf schießen:

- »Das ist doch die reinste Sisyphusarbeit.«
- »Diese Arbeit liest kein Mensch!«
- »Diese Vorgaben machen doch keinen Sinn!«

Je mehr Zeit wir haben, desto eher schieben wir auf

Nirgends wird so viel aufgeschoben wie an Universitäten. Das hat unter anderem damit zu tun, dass die Prüfungs- und Abgabetermine oft in weiter Ferne liegen.

Je größer das Projekt und je weiter entfernt der Abgabetermin, desto geringer erscheint uns die Notwendigkeit, genau heute damit anzufangen. Wir denken:

- »Das hat auch morgen noch Zeit.«
- »Ich fange in den Ferien damit an.«
- »Wenn ich jetzt schon mit dem Lernen beginne, habe ich bis zur Prüfung schon wieder alles vergessen.«

Je impulsiver wir sind, desto mehr schieben wir auf

Wie stark der Faktor Zeit ins Gewicht fällt, hängt davon ab, wie impulsiv du bist.

Wie du bereits erfahren hast, leben impulsive Menschen stark im Hier und Jetzt und sind ziemlich lustgetrieben. Entsprechend schwer fällt es ihnen, Belohnungen aufzuschieben und heute zu arbeiten, damit sie in drei Monaten nicht unter Druck geraten.

Impulsive Menschen denken oft:

- »Ich bin gerade nicht in Stimmung ...«
- »Darauf habe ich keine Lust ...«
- »Ich mache noch kurz ... dann fange ich an.«
- »Ich mach' dafür morgen doppelt so viel!«
- »Das ist langweilig ...«
- »Hui, morgen ist ja schon die Prüfung!«

Wie sieht es bei dir aus?

Setzen wir alles zusammen: Wir schieben vor allem dann auf, wenn wir an unserer Kompetenz und dem Wert einer Arbeit zweifeln, noch viel Zeit dafür haben und eher impulsiv veranlagt sind.

Aber: Jede einzelne Variable kann bereits für sich genommen dazu führen, dass wir aufschieben.

Diese Formel ist deshalb wertvoll, weil sie es uns erlaubt, genauer hinzusehen, wo das Problem liegt. Schiebst du eine Aufgabe auf, könnte dies daran liegen, dass du:

1. nicht weißt, wie du diese Aufgabe bewältigen sollst.
2. die Arbeit als wertlos oder sinnlos betrachtest.
3. die Arbeit zu groß und die Deadline zu weit weg ist.
4. wenig Selbstdisziplin aufweist.

Wahrscheinlich ist sogar eine Kombination mehrerer Faktoren daran beteiligt. In diesem Buch hast du Strategien kennengelernt, die an verschiedenen Punkten ansetzen.

Übung 25: Schärfe dein Bewusstsein

Überlege dir, welche Variable am stärksten dazu beigetragen hat, dass du aufschiebst.

Gehe die einzelnen Kapitel in Gedanken nochmals durch und schreibe hier auf, welche Strategien und Tipps dir am meisten geholfen haben:

- ☐ ______________________________
- ☐ ______________________________
- ☐ ______________________________
- ☐ ______________________________
- ☐ ______________________________

Überlege dir, ob du einen Zusammenhang siehst: Gibt es einen Zusammenhang zwischen den Gründen für dein Aufschieben und der Wirksamkeit einzelner Übungen?

TEIL II

MACH DIR DAS LEBEN LEICHTER. MIT DEN RICHTIGEN STRATEGIEN …

Viele Studierende lernen und schreiben ohne Konzept drauflos. Das ist – wie ich im ersten Teil geschrieben habe – besser, als gar nichts zu tun und vor lauter Unsicherheit zu erstarren. Du wirst jedoch effektiver und effizienter, wenn du dir Zeit nimmst, um gute Antworten auf einige Fragen zu finden. Bei Prüfungen lauten diese:

1. Wie und was wird geprüft?
2. Welches Material nutze ich, um mich möglichst effektiv vorzubereiten?
3. Welche Strategien helfen mir dabei, den Stoff rascher aufzunehmen, länger im Gedächtnis zu behalten und bei der Prüfung abzurufen?

Bei Arbeiten kannst du dich fragen:

1. Was muss ich am Ende abgeben? Wie soll die fertige Arbeit aussehen und welche Kriterien soll sie erfüllen?
2. Welches Material hilft mir dabei, die Arbeit zu schreiben?
3. Welche einzelnen kleinen Schritte führen zum Ziel?
4. In welcher Reihenfolge gehe ich die einzelnen Schritte am besten an?

Studierende, die mit wenig Aufwand viel erreichen, sind nicht unbedingt intelligenter – sie gehen klüger vor. Übernimm ihre Strategien und mach es dir etwas leichter.

GEHE ARBEITEN GESCHICKT AN

Kleine Änderungen in deiner Vorgehensweise können dir das Schreiben einer Arbeit erleichtern. Bei der Beratung von Studierenden ist mir aufgefallen, dass viele an denselben Punkten scheitern – und vorankommen, wenn wir diese Hindernisse umschiffen.

Beginne mit der Literatursuche, bevor du ein Thema auswählst! Viele Studierende machen bereits bei der Planung ihrer Arbeit einen großen Fehler. Sie gehen wie folgt vor:

1. Sie überlegen sich ein Thema und eine Fragestellung.
2. Sie vereinbaren mit der Betreuerin einen Termin und legen sich auf das Thema fest.
3. Sie beginnen mit der Literatursuche.

Wenn du so vorgehst, kannst du geradewegs in eine Sackgasse laufen: Du legst dich auf ein Thema fest, bei dem du bereits bei der Literatursuche verzweifelst.

Ich würde dir das folgende Vorgehen empfehlen:

1. Überlege dir aufgrund deiner Interessen und der Schwerpunkte deiner Professorin oder des Assistenten einige Themenvorschläge und Fragestellungen.
2. Starte dazu eine grobe Literatursuche. Sortiere Fragestellungen aus, zu denen du kaum Literatur findest.

3. Vereinbare erst jetzt einen Termin mit dem Betreuer und schlage ihm nur Themen und Fragestellungen vor, die sich bearbeiten lassen!

Damit hast du den wichtigsten Grundstein gelegt. Du hast ein Thema, zu dem du schreiben kannst, ohne dass du deine Quellen an den Haaren herbeiziehen musst.

Nun kannst du dir einen genaueren Überblick verschaffen.

Suche Literatur Top-Down

Für meine Abschlussarbeit an der Uni hatte ich über hundert Einzel-Studien zum Thema Prüfungsangst zusammengesucht. Einige Wochen vor Abgabe kam ich auf die glorreiche Idee, die Begriffe »Test anxiety research« auch einmal auf amazon.com einzugeben.

Was ich fand? Ein Buch mit dem Titel »Test Anxiety: The State of the Art« (Zeidner, 1998). Da hatte doch tatsächlich jemand den Forschungsstand detailliert auf über vierhundert Seiten zusammengefasst! Dieses Buch hätte mir so viel Arbeit erspart.

Seither suche ich, wenn ich etwas schreibe, als Erstes nach Überblicksliteratur. Auf diese Weise kann ich mir relativ rasch einen Überblick über den Forschungsstand verschaffen, einzelne Strömungen kennenlernen und von dort aus gezielter nach zentralen Einzelstudien suchen.

Zu vielen Themen findet sich ein Buch, das den Forschungsstand abbildet. Du findest diese meist auf der englischsprachigen Seite von Amazon mit Suchbegriffen wie »research«, »research findings«, »Theory, research and practice«, »state of the art« in Verbindung mit deinem Thema. Es lohnt sich, genau zu suchen und weit nach unten zu scrollen. Bücher über den Forschungsstand eines spezifischen Themas werden eher selten verkauft – Buchhändler wie Amazon listen sie daher oft weit unten auf.

Findest du keinen Überblicksband, kannst du nach Dissertationen suchen. Der Theorieteil einer Doktorarbeit bietet meist eine hervorragende Ausgangslage für die weitere Literatursuche. Diese findest du am ehesten über Google oder Google Scholar.

Du musst das Rad nicht neu erfinden: Besorge dir Arbeiten von ehemaligen Studierenden

Du hast ein bearbeitbares Thema gewählt, eine Fragestellung definiert und die eine oder andere Überblicksarbeit gefunden? Wunderbar!

Nun kannst du dich mit der Frage befassen, wie deine Arbeit am Ende aussehen sollte. Aus welchen Teilen wird sie bestehen? Wie könntest du sie strukturieren?

Aufschieber berichten mir oft, dass sie sich in diesem Punkt unsicher fühlen und genau deshalb der Arbeit ausweichen. Die Wegleitungen, die ihnen von Assistenten und Professoren ausgehändigt werden, erscheinen ihnen schwammig und ungenau.

Die Lösung für dieses Problem ist simpel: Du darfst bei anderen spicken!

Besorge dir vier bis fünf Arbeiten von ehemaligen Studierenden.

Achte wenn möglich darauf, dass:

- diese an der gleichen Fakultät, wenn möglich sogar beim gleichen Betreuer, abgeschlossen haben.
- gut benotet wurden (sofern du die Note in Erfahrung bringen kannst).

Wenn du Arbeiten findest, die in einem ähnlichen Themenbereich geschrieben wurden, ist das wunderbar. Für unsere Zwecke ist das Thema jedoch zweitrangig.

Arbeiten von anderen Studierenden findest du – je nach Uni und Fakultät – in gebundener Form in der Bibliothek der Uni, als pdf auf den Servern der Bibliothek oder auf der Webseite der jeweiligen Fakultät. Falls du darüber nichts findest, kannst du dich an die Fachschaft oder ehemalige Studierende wenden. Wenn über diesen Weg ebenfalls keine Arbeiten zu finden sind, kannst du in der Bibliothek nach einigen Dissertationen in deinem Bereich suchen. Diese zumindest wird die Uni in irgendeiner Form zur Verfügung stellen.

Sobald du dir die Arbeiten besorgt hast, nimmst du zuerst ein grobes Screening vor. Kopiere von jeder Arbeit das Inhaltsverzeichnis und lege diese nebeneinander. Frage dich: Wie sind diese Arbeiten aufgebaut? In welche Kapitel sind sie unterteilt? Welcher groben Struktur beziehungsweise Logik folgen sie? Normalerweise erkennst du nun auf einen Blick, dass sie sich im Aufbau gleichen. Vielleicht weisen alle die folgende Struktur auf:

1. Einleitung
2. Theorieteil
3. Empirischer Teil
4. Diskussion
5. Literaturverzeichnis

Übernimm den Aufbau und du bist bereits einen Schritt weiter!

Wenn du nun genauer hinschaust, erkennst du, dass die einzelnen Teile wiederum gegliedert sind. An der Uni Fribourg im Fach Psychologie wird der empirische Teil zum Beispiel oft in die folgenden Unterkapitel gegliedert:

Empirischer Teil:
1. Fragestellung und Hypothesen
   1.1. Fragestellung
   1.2. Hypothesen
2. Methode
   2.1. Rekrutierung
   2.2. Messinstrumente
      a. Stichprobe
   2.3. Statistische Auswertung

3. Ergebnisse
   3.1. Deskriptive Ergebnisse
   3.2. Hypothesen-Testung
4. Diskussion

Das kann in deinem Fach an deiner Uni oder Fachhochschule ganz anders aussehen! Daher sind Beispiele von anderen Studierenden viel hilfreicher als allgemeine Wegleitungen oder Bücher, die auf einer sehr allgemeinen Ebene beschreiben, wie wissenschaftliche Arbeiten geschrieben werden.

Nun kannst du mit Hilfe der Überblicksliteratur und der Beispiel-Arbeiten ein grobes Inhaltsverzeichnis erstellen.

Dieselbe Methode kannst du verwenden, um die einzelnen Teile deiner Arbeit zu verfassen.

Keine Panik – weiterspicken!

In der Forschung besteht die kreative Leistung beispielsweise darin, sich gute Fragestellungen auszudenken oder Hypothesen mittels ausgeklügelter Experimente zu überprüfen.

Beim Beschreiben der Forschungsergebnisse geht es jedoch weniger um Kreativität als darum, verbindliche Regeln einzuhalten und nach Schema F vorzugehen. Diese Gleichförmigkeit erleichtert Wissenschaftlern den Austausch. Sie finden relevante Daten rascher und können Studien besser miteinander vergleichen.

Daher gilt: Mit Abschauen und Nachmachen kommst du beim Schreiben schneller voran und lieferst eher das ab, was von dir erwartet wird.

Nehmen wir an, du beginnst mit dem empirischen Teil: Wie alle Studierenden hast du zunächst keinen blassen Schimmer, wie du die Fragestellung formulieren sollst oder in welcher Form du die Hypothesen beschreiben musst.

Nun kopierst du dir von den anderen Arbeiten genau diesen Teil. Du liest die Fragestellungen oder die Hypothesen von vier bis fünf Arbeiten durch und entwickelst ein Gefühl dafür, wie du dieses Unterkapitel angehen kannst.

Wir lernen viel besser durch konkrete Beispiele als durch abstrakte Beschreibungen. Achte darauf, dass du genügend Beispiele hast, und nutze sie!

INFORMIERE DICH, WIE UND WAS GEPRÜFT WIRD

Je genauer du weißt, wie und was in der Prüfung gefragt wird, desto besser kannst du dich darauf vorbereiten.

An jeder Uni, in jedem Studienfach, gibt es Studierende, die mit wenig Aufwand gute Noten erzielen. Ihr Geheimnis: Sie informieren sich sehr genau, wie geprüft wird, und konzentrieren sich auf das Wesentliche.

Im Lerncoaching begegnet mir oft das Gegenteil: Studierende, die sehr viel lernen, jedoch kaum in Kenntnis bringen, wie geprüft wird – und trotz Fleiß und viel Wissen durch die Prüfungen rasseln.

Ein Beispiel:
Katja hatte den ganzen Sommer über für die Statistik-Prüfung in Psychologie gelernt. Sie hatte den sechshundert Seiten dicken Statistik-Wälzer zweimal von vorne bis hinten durchgeackert. Das Ergebnis: Eine 2 (in der Schweiz ist die 6 die beste Note, die 1 die schlechteste). Klar, das Buch wurde als Basis-Literatur angegeben – aber dieses Wissen half Katja kaum dabei, die Prüfungsaufgaben zu lösen.

Wir sahen ihren Ordner durch und was fand sich am Ende in den Unterlagen? Sechs Prüfungen aus den letzten Jahren! Katja hatte sich diese nicht angeschaut, weil es sie »stresst, alte Prüfungen zu lösen.«

Wir knöpften uns die Prüfungen vor. Zuerst sortierten wir die Prüfungsaufgaben nach Themen, schnitten diese aus und erstellten Blätter mit den jeweiligen Prüfungsaufgaben: Ein Blatt mit allen Wahrscheinlichkeitsrechnungen, eines mit allen t-Tests etc.

Katja erhielt die Aufgabe, die Seiten im Skript zum jeweiligen Thema zu lesen, dann die Übungsaufgaben anzuschauen und sich gleich an den Prüfungsaufgaben zu versuchen. Sie investierte für die Nachholprüfung drei Tage und holte sich die maximale Punktzahl.

Alte Prüfungen sind zwar die beste Informationsquelle, aber nicht die einzige. Du kannst auch herausfinden, wie geprüft wird, indem du:

- Studierende in den Semestern über dir über die Prüfungen ausfragst.
- allgemeine Informationen beim Dozenten oder der Professorin einholst.

Sei hartnäckig in diesem Punkt. Viele Studierende in Lerncoachings waren sich sicher, dass an ihrer Fakultät keine alten Klausuren oder Prüfungsfragen kursieren. Ich bat sie jeweils darum, bis zur nächsten Sitzung bei anderen Studierenden nachzufragen. Fast immer konnten sie innerhalb einer Woche für einige Fächer Tests auftreiben oder zumindest in Erfahrung bringen, welche Inhalte besonders gern abgefragt werden.

Hast du genügend Informationen über die »Zieldestination« zusammengetragen, kannst du den Weg dorthin planen. Dabei solltest du dir ein simples Prinzip zunutze machen, das unmittelbar zu besseren Noten führt.

Passe deinen Lernstil der Prüfung an

Anhand der Informationen über die Prüfungen, die du mit Hilfe des vorigen Kapitels zusammengetragen hast, kannst du nun passende Lernstrategien auswählen. Ich möchte dir anhand einiger Beispiele zeigen, wie stark die Art der Prüfung deine Lernstrategien beeinflussen sollte.

So glänzt du bei mündlichen Prüfungen

Möchtest du bei mündlichen Prüfungen überzeugen? Ja? Dazu musst du deine Vorbereitung auf diesen Prüfungstyp ausrichten.

Bei einer mündlichen Prüfung gilt im Allgemeinen:

1. Du solltest den Stoff rasch abrufen und flüssig wiedergeben können.
2. Du kannst den Verlauf der Prüfung beeinflussen. Daher ist es hilfreich, wenn du zu einigen Themen sehr viel weißt.
3. Du solltest wissen, auf welche Art gefragt wird und mit welchen Fragen zu rechnen ist.

Nicole, eine Medizinstudentin, hatte ihre Histologie-Prüfung in den Sand gesetzt und besuchte deshalb das Lerncoaching. Sie hatte sich eingehend mit dem Histologie-Buch und dem Skript befasst. Damit war sie jedoch schlecht auf die Prüfung vorbereitet.

Diese fand im Histologie-Saal statt. Der Professor legte ihr nacheinander drei Präparate vor, zu denen sie Fragen beantworten sollte. Nicoles Problem: Die Zellschnitte sahen in der Realität anders aus als im Buch – sie erkannte bei zwei Präparaten nicht, um welchen Zelltyp es sich handelte.

Obwohl der Histologie-Saal für Studierende zugänglich war und bekannt war, dass die Prüfung auf diese Weise abläuft, hatte Nicole ihre Lernstrategie nicht angepasst.

Wir erarbeiteten daher eine Strategie, die viel stärker mit den Anforderungen der Prüfung übereinstimmte.

1. Nicole besuchte gemeinsam mit einer Freundin, die die Prüfung ebenfalls nicht bestanden hatte, den Histologie-Saal. Die beiden sahen sich jedes Präparat unter dem Mikroskop ganz genau an und übten sich darin, den jeweiligen Zelltyp zu bestimmen und die Zellbestandteile zu erkennen.
2. Sie erstellten für jedes Präparat eine A4-Seite mit allen wichtigen Informationen dazu. Jede Seite enthielt mehrere Boxen

mit Informationen (Art der Zelle, Zellteile, Funktion etc.). Sie nutzten Dropbox, um sich gegenseitig die Informationsblätter zugänglich zu machen und zu ergänzen.
3. Nun lernte jede für sich zunächst die Informationen zu den einzelnen Zellschnitten auswendig.
4. In der letzten Phase trafen sie sich zu zweit im Histologie-Saal, zeigten sich gegenseitig Präparate und stellten sich Fragen dazu. Sie übten so lange, bis sie zu jedem Präparat die Fragen der Lernpartnerin mühelos beantworten konnten.

Der letzte Punkt wird von vielen Studierenden unterschätzt. Gerade Studierende, für die mündliche Prüfungen ein Graus sind, versäumen es oft, mündlich zu üben.

Auch bei Nicole hatte die Angst eine große Rolle gespielt. Nicole war klug – sie hatte mitbekommen, dass andere Studierende sich gegenseitig abfragen. Auf meine Frage, wieso sie sich beim ersten Versuch nicht auf diese Weise vorbereitet hatte, meinte sie: »Das hat mich zu sehr unter Druck gesetzt. Ich hatte das Gefühl, dass die anderen weiter sind als ich und mehr wissen. Ich hatte Angst, dass ich dumm wirke und die anderen mich nicht in der Gruppe haben wollen. Und die Situation hat mich zu stark an die Prüfung erinnert.«

Nun: Die Übungssituation sollte dich an die Prüfung erinnern!

Es gibt ein ganz einfaches Prinzip beim Lernen:

Man übt, was man übt

Wenn du eine mündliche Prüfung hast und dich nicht mündlich vorbereitet hast, dann hast du das Wichtigste – die mündliche Wiedergabe – nicht geübt. Für Nicole fühlte sich die erste Prüfung an, als müsste sie die praktische Autoprüfung absolvieren, ohne vorher gefahren zu sein.

Je stärker du die Übungssituation der Prüfung angleichst, desto besser bist du auf die Prüfung vorbereitet. Falls dich dieses Vorgehen stresst, gilt: Es ist besser, wenn du während des Übens gestresst bist als bei der Prüfung.

So knackst du Multiple-Choice-Prüfungen

Alex, ebenfalls Medizinstudent, hatte mehrere Multiple-Choice-Prüfungen in den Sand gesetzt. Auf meine Frage, wie er sich vorbereitet hatte, kam eine Antwort, die ich viel zu häufig höre: »Ich habe Zusammenfassungen geschrieben.«

Das Schreiben von Zusammenfassungen ist selten sinnvoll. Meist ist es Zeitverschwendung. Zusammenfassen gehört zu den Reduktionsstrategien und nützt dir, wenn du beispielsweise ausführliche Quellentexte auf die relevanten Aussagen reduzieren möchtest. Wenn du auf diese Weise achthundert Seiten auf zwanzig Seiten verdichten konntest, war es sinnvoll, diese Strategie anzuwenden.

Typische Lehrbuchtexte, Skripte und Folien sind in den meisten Fällen bereits auf das Wesentliche reduziert. Es bringt dir nichts, wenn du sie nochmals abschreibst. Das führt zwar zu einem vorzeigbaren Resultat und dem Gefühl, etwas gemacht zu haben – aber du hättest in der gleichen Zeit ordentlich Wissen in deinen Kopf packen können, anstatt Blätter zu produzieren.

Bei Multiple-Choice-Prüfungen führen dich Zusammenfassungen komplett in die Irre. Wieso? Weil bei dieser Prüfungsform nicht die groben Zusammenhänge abgefragt werden, sondern die Details.

Am effektivsten lernst du, wenn du dir die Folien anschaust und dich fragst:

1. Welche dieser Folien eignen sich besonders gut für Multiple-Choice-Fragen?
2. Wie könnten Multiple-Choice-Fragen dazu lauten?

Es kann hilfreich sein, mögliche Fragen in einer Lerngruppe zu entwickeln.

Folien, die ein Thema einleiten, sind beispielsweise wenig interessant für diesen Frage-Typ. Aus Zahlen und Tabellen lässt sich hingegen leichter eine Frage generieren.

Besonders gerne stellen Professoren jedoch Fragen zu Prozessen und Theorien, indem Sie verschiedene Frage-Varianten des folgenden Typs stellen: »Welche der folgenden Aussagen ist richtig?«

Suche nach Folien, in denen verschiedene Theorien oder Prozesse nebeneinander vorgestellt werden, die leicht zu verwechseln sind.

Achte darauf, dass du ganz genau lernst, was diese Prozesse und Theorien unterscheidet und was zusammengehört. Frage dich, wie dein Dozent Fragen des richtig/falsch-Typs dazu formulieren könnte.

Versuche die innere Logik von Prozessen, Modellen und Theorien nachzuvollziehen und sie im Kopf so klar wie möglich von anderen abzugrenzen. Frage dich dazu immer wieder:

- Was genau unterscheidet Modell A von Modell B?
- Welches Experiment spricht für welche Theorie und weshalb?
- Wie genau läuft dieser Prozess ab? Wie unterscheidet er sich von anderen? Wo ist die Verwechslungsgefahr am größten? (Zum Beispiel: Welche Enzyme sind an diesem Prozess beteiligt? Welche Stoffwechselprodukte lassen auf welchen Vorgang schließen? Welche Anzeichen/Symptome in welcher Kombination lassen worauf schließen etc.)

Neben dem Auswendiglernen von Details kommt es somit bei Multiple-Choice-Prüfungen darauf an, dass du das Thema durchdringst, Zusammenhänge und Unterschiede erkennst. Dein Kopf sollte richtiggehend rauchen vor lauter Denkarbeit.

So wirst du besser in Statistik und Co.

Als ich mit der Schule fertig war, dachte ich: »Endlich! Nie mehr Mathe!« Zu früh gefreut. Wir hatten im Psychologiestudium pro Woche vier Stunden Statistik.

Vielen Studierenden geht es ähnlich: Sie haben sich für ein Fach entschieden, weil es sie vom Inhalt her interessiert, und tun sich schwer mit Fächern, die Wissen zu Statistik und Methodik vermitteln. Entsprechend dürftig sind die Lernstrategien in diesen Fächern ausgeprägt. Das folgende Vorgehen hat bereits vielen Studierenden weitergeholfen.

1. *Suche eine/n Lernpartner/in*

Falls Fächer wie Statistik nicht zu deinen Lieblingsfächern gehören, solltest du dafür keinesfalls alleine lernen. Du verschwendest unnötig Zeit, wenn du bei einer Aufgabe nicht weiterkommst.

Suche dir eine Person, mit der du gut zusammenarbeiten kannst. Sie muss in diesem Fach nicht besser sein als du, damit du profitierst, denn: Zwei Köpfe kommen bei Aufgaben, die einer alleine nicht bewältigen kann, oft weiter. Zudem profitierst du von den folgenden Vorteilen:

- Du brauchst weniger Motivation, um dich zum Lernen aufzuraffen, wenn du mit einer anderen Person Termine fixierst. Vielleicht schaffst du es sogar, während des Semesters einen fixen Termin pro Woche festzulegen, um jeweils den aktuellen Stoff aufzuarbeiten und stärker von den Vorlesungen und Übungen zu profitieren?
- Du verzweifelst nicht so rasch, wenn du nicht weiterkommst. Gerade wenn du dazu neigst, dich beim Lernen selbst abzuwerten und dir einzureden, dass du für dieses Fach zu dumm bist, hilft es, wenn du nicht alleine bist. Zu zweit besteht die Möglichkeit, dass eine der beiden Personen die Aufgabe versteht und es der anderen erklären kann. Versteht ihr beide die Aufgabe nicht, fühlst du dich weniger dumm – schließlich

habt ihr es beide nicht begriffen. Zu zweit fühlt ihr euch zudem eher im Recht, bei der Professorin oder dem Dozenten nachzufragen.

Die folgenden Schritte fallen dir leichter, wenn du sie gemeinsam mit jemandem gehst – sie helfen dir aber auch weiter, wenn du dich alleine vorbereitest.

2. Erstellt eine gute Materialsammlung

Auch bei Statistik und Co. gilt: Du übst, was du übst!

Die meiste Lernzeit solltest du daher in das Lösen von Aufgaben investieren. Diese Aufgaben sollten den Prüfungsaufgaben so ähnlich sein wie möglich.

Es ist daher Gold wert, wenn du alte Prüfungsaufgaben auftreiben kannst. Die Übungsaufgaben in deinem Skript bringen dich auch weiter – allerdings enthalten Prüfungsaufgaben oft einen Kniff mehr, eine kleine Schwierigkeit, die in den Übungsaufgaben nicht aufgetaucht ist.

Neben alten Prüfungen sind Ablaufschemata zu bestimmten Aufgabentypen oder Entscheidungsbäume zur Auswahl des richtigen Verfahrens eine wertvolle Hilfe.

Auch wenn du keine alten Prüfungsaufgaben auftreiben kannst, so sind in den allermeisten Fällen wenigstens hilfreiche Entscheidungsbäume und Ablaufschemata im Umlauf. Besorge dir diese!

Unterteile nun grob die einzelnen Aufgabentypen. Zum Beispiel sortiert nach Wahrscheinlichkeitsrechnungen, Testverfahren etc.

3. Übe einen Aufgabentyp nach dem anderen und überarbeite dein Hilfsmaterial

Lies nun die Theorie zu einem bestimmten Aufgabentyp und schau dir – sofern du eines auftreiben konntest – das Ablaufschema dazu an. Löse damit zuerst die Übungsaufgaben in deinem

Skript und anschließend (sofern vorhanden) die Prüfungsaufgaben alter Prüfungen.

4. Bereite bei open-book-Prüfungen dein Material gut vor
Prüfungen in Statistik und verwandten Fächern sind oft openbook. Das heißt: Du kannst dein Material mitnehmen. Viel zu oft sehe ich, dass Studierende diese Chance nicht nutzen.

Während des Lösens der Aufgaben solltest du das Ablaufschema des jeweiligen Aufgabentyps verbessern (oder erstellen) und an deine Bedürfnisse anpassen. Achte darauf, dass du eine gute Übersicht auf zwei, drei A4-Seiten hast, die dir dabei hilft, so rasch wie möglich das richtige Verfahren auszuwählen.

Für jedes Verfahren solltest du ein Ablaufschema dabeihaben, das dir den Weg durch den jeweiligen Aufgabentyp weist und dich auf Fehlerquellen aufmerksam macht, im Sinne von »Achte darauf, ob die Hypothese gerichtet oder ungerichtet ist!«.

NUTZE DIE LERNSTRATEGIEN DER PROFIS

Im letzten Kapitel hast du bereits erfahren, dass einige Studierende mit weniger Aufwand mehr erreichen, weil sie sich genau informieren, wie und was geprüft wird, und ihre Vorbereitung darauf ausrichten.

Das ist aber nicht alles: Die meisten von ihnen nutzen Strategien, die die Merkleistung deutlich erhöhen.

Vielleicht denkst du, dass alles eine Frage der Intelligenz oder Begabung ist? Dem möchte ich widersprechen. Als Lerncoach durfte ich immer wieder erleben, dass Studierende deutlich effektiver und effizienter lernen, sobald sie die im Folgenden beschriebenen Strategien beherrschen.

Einige Lernmethoden wendest du wahrscheinlich bereits an. Dann freut es mich, wenn du dich bestätigt fühlst. Vielleicht findest du aber einige Hinweise, die dir dabei helfen, noch effektiver zu werden und dein Gehirn auf Hochtouren zu bringen. Das wäre noch eine Ecke besser.

Lerne in kurzen, intensiven Phasen und mache regelmäßig Pausen

Sobald die Prüfungsergebnisse veröffentlich werden, hört man da und dort jemanden fragen: »Was, die ist durch die Prüfung gefallen? Die saß doch die ganze Zeit in der Bibliothek?«

Viele Studierende glauben an einen engen Zusammenhang zwischen Lernzeit und Lernerfolg. Dem ist nicht so. Vielmehr verletzen Studierende, die den ganzen Tag an ihrem Pult sitzen, fundamentale Lernprinzipien. Sie versuchen ihrem Gehirn eine Leistung abzuringen, die es nicht vollbringen kann.

Effektive Lerner gehen anders vor: Sie lernen in kurzen, intensiven Intervallen und gönnen ihrem Gehirn dazwischen Ruhephasen.

Setze dir anspruchsvolle Ziele

Studierende, die die Kunst des Lernens meistern, können nur in kurzen, intensiven Phasen lernen. Einfach deshalb, weil ihre Lernmethoden ein hohes Maß an Konzentration erfordern und entsprechend viele Pausen und Erholungsphasen notwendig machen.

Wer einfach in der Bibliothek sitzt, Zeit mit seinen Büchern verbringt und passiv liest oder stupide Zusammenfassungen schreibt, kann problemlos zehn Stunden pro Tag »lernen«. Wer hingegen sein Gehirn einschaltet, wird rasch müde, kommt aber schneller voran.

Um es mit einer Metapher auszudrücken: Wenn du ein paar Muskeln auf deinen Körper packen möchtest, bringt dir ein schweißtreibendes einstündiges Workout mehr als ein sechsstündiger Spaziergang.

Solche Lernphasen beginnen mit einem klaren Ziel. Dabei solltest du dir keine Ziele setzen wie:

- Ich lese dreißig Seiten.
- Ich lerne zwei Stunden.
- Ich fasse Kapitel XY zusammen.

Es gibt nur eine einzige Frage, an der du dich beim Lernen orientieren solltest: Was will ich nach dieser Lerneinheit wissen und aus dem Gedächtnis abrufen können?

Ein gutes Ziel wäre demnach:

- Heute Abend habe ich Kapitel XY gelesen, verstanden und kann die wesentlichen Inhalte wiedergeben.

Lerne so, als würdest du über dieses Kapitel am nächsten Tag geprüft. Die wichtigste Regel dazu lautet: Lies den Stoff nicht nur mehrmals durch!

Lerne aktiv und übe dich im freien Abruf

Wie Arthur Gates bereits 1922 herausfand, kannst du dir deutlich mehr merken, wenn du den größeren Teil deiner Lernzeit (circa zwei Drittel) nicht damit verbringst, den Stoff durchzulesen, sondern damit, diesen aus dem Gedächtnis abzurufen.

Dazu liest du einen Abschnitt, deckst ihn ab und fragst dich, was du soeben gelesen hast. Lies dir die folgende Textpassage aus dem Buch »Konzentriert euch!« von Daniel Goleman durch:

> *Die Fähigkeit, an einem Ziel festzuhalten und alles andere außer Acht zu lassen, ist in den präfrontalen Regionen des Gehirns angesiedelt. Spezialisierte Nervenschaltkreise in diesem Bereich verstärken eintreffende Signale, auf die wir uns konzentrieren wollen, und dämpfen andere, die wir ignorieren wollen. Da Konzentration voraussetzt, dass wir emotionale Ablenkungen ausblenden, umfasst unsere neuronale Verdrahtung für selektive Aufmerksamkeit auch Mechanismen zur Hemmung von Gefühlen. Diejenigen, die sich am besten konzentrieren können, sind relativ immun gegen emotionale Turbulenzen, lassen sich in einer Krise nicht so leicht erschüttern und bleiben trotz der emotionalen Wellen des Lebens in ruhigem Fahrwasser. (Goleman, 2014, S. 25)*

Wenn du solche Texte lediglich gedankenlos mehrmals durchliest, bleibt relativ wenig hängen. Auch eine Zusammenfassung zu schreiben wäre Zeitverschwendung, da die Dichte an Informationen relativ hoch ist und die zusammengefasste Version entsprechend lang würde. Du kommst aber rasch voran, wenn du solche Texte aktiv liest und die Inhalte gleich abspeicherst. Dabei fragst du dich immer wieder:

- Was habe ich soeben gelesen?
- Was davon ist wichtig?
- Wie kann ich mir das am besten merken?

Schauen wir kurz in Biancas Kopf, während sie in ihrem Lieblingscafé sitzt und diesen Text liest.

Bianca liest: *Die Fähigkeit, an einem Ziel festzuhalten und alles andere außer Acht zu lassen, ist in den präfrontalen Regionen des Gehirns angesiedelt.*

Und denkt: »Okay. Präfrontale Regionen ... das ist hier vorne (tippt sich auf die Stirn). Die helfen mir dabei, ein Ziel zu verfolgen.«

Liest: *Spezialisierte Nervenschaltkreise in diesem Bereich verstärken eintreffende Signale, auf die wir uns konzentrieren wollen, und dämpfen andere, die wir ignorieren wollen.*

Und denkt: »Wie war das? Also – da gibt es Nervenschaltkreise und die können eintreffende Signale verstärken oder dämpfen. Aha, deswegen höre ich plötzlich den Lärm hier im Café gar nicht mehr, wenn ich mich konzentriere! Die Schaltkreise im präfrontalen Kortex blenden das einfach aus. Also, was muss ich mir merken? Präfrontale Regionen sind für die Konzentration wichtig. Dort gibt es Nervenschaltkreise, die Wichtiges verstärken und unwichtige Reize dämpfen. Weiter ...«

Liest: *Da Konzentration voraussetzt, dass wir emotionale Ablenkungen ausblenden, umfasst unsere neuronale Verdrahtung für selektive Aufmerksamkeit auch Mechanismen zur Hemmung von Gefühlen.*

Und denkt: »Also, was heißt das genau? Wenn ich mich konzentrieren will, blendet mein Gehirn nicht nur den Café-Lärm aus, sondern schwächt auch Gefühle ab, die mich ablenken könnten?«

Schauen wir etwas genauer an, wie Bianca lernt und weshalb diese Vorgehensweise so effektiv ist.

Es fällt auf, dass sie sich während des Lesens viele Gedanken macht. Jede dieser Überlegungen hilft ihr, die neuen Inhalte zu vertiefen und mit bereits Bekanntem beziehungsweise den Inhalten aus den vorhergehenden Abschnitten zu vernetzen. Dadurch versteht sie den Inhalt nicht nur leichter, sie kann ihn sich auch besser merken.

Biancas eigene Überlegungen unterscheiden sich vom Quellentext: Sie denkt in einfacheren Satzstrukturen – insbesondere kurzen Hauptsätzen. Diese kann sie sich leichter merken als die Schachtelsätze des Autors.

Zudem sucht sie sich bildhafte Beispiele. Sie tippt sich an die Stirn, um sich zu merken, dass die präfrontalen Regionen für die Konzentration wichtig sind, und stellt sich lebhaft vor, wie Nervenschaltkreise in diesem Bereich den Lärm des Cafés dämpfen.

Durch den steten Wechsel zwischen Lesen, Erzählen und Erklären sowie dem Generieren bildlicher Vorstellungen kann sie ihre Konzentration erhöhen. Sie liest nicht zwei Seiten, bis sie merkt, dass sie mental nicht mehr dabei ist. Stattdessen registriert sie sofort, wenn sie unaufmerksam war oder etwas nicht verstanden hat.

Das ist jedoch nicht der einzige Vorteil dieses Wechselspiels: Sie greift dabei auf verschiedene Sinneskanäle und Netzwerke ihres Gehirns zurück und nutzt damit eine der wichtigsten Lernstrategien überhaupt: das mehrkanalige Lernen.

Vielleicht sind dir die folgenden Zahlen schon begegnet, die sich in vielen Lernratgebern finden:

Wir merken uns 10% von dem, was wir lesen, 20% von dem, was wir hören, 30% von dem, was wir sehen, 70% von dem, was wir hören und sehen und 90% von dem, was wir selbst ausführen.

Diese Zahlen sind natürlich Quatsch. Wenn wir einen Text als Hörbuch hören, können wir nicht doppelt so viel davon wiedergeben, wie wenn wir ihn lesen. Und wenn wir beides gleichzeitig tun, werden wir den Lernerfolg gegenüber dem Lesen auch nicht versiebenfachen. Aber: Die Tendenz ist richtig! Wenn wir einen Text nicht nur lesen, sondern uns selbst erzählen, was wir gelesen haben, und dazu bildhafte Vorstellungen generieren, können wir uns in der gleichen Zeit deutlich mehr merken, als wenn wir den Text lediglich lesen.

Dasselbe gilt für das Nachvollziehen von Lösungswegen im mathematisch-naturwissenschaftlichen Bereich. Decke dabei die Lösung mit einem leeren Blatt ab und versuche sie aus dem Gedächtnis nachzuvollziehen. Nur so bemerkst du, ob du die Aufgabe wirklich verstanden hast.

Wenn du möchtest, kannst du auch überprüfen, welche Wirkung es auf dich hat, wenn du im Raum herumgehst und die Inhalte laut wiederholst. Gerade bei der Vorbereitung eines Vortrags oder einer mündlichen Prüfung empfand ich das als hilfreich.

Wenden wir uns nun wieder Bianca zu. Sie nutzt noch einige weitere Kniffe

Unterstreiche Schlüsselbegriffe

Sie fragt sich jeweils am Ende eines Abschnitts, welche Schlüsselbegriffe sie markieren will.

Wenn du in einem Lehrbuch alles unterstreichst, was wichtig ist, sind deine Buchseiten am Ende fast durchgängig gelb und klebrig. Das bringt wenig.

Bianca unterstreicht pro Abschnitt nur einige wenige Begriffe. Diejenigen, die den Inhalt am besten wiedergeben.

Und so sieht das aus:

> *Die Fähigkeit, an einem Ziel festzuhalten und alles andere außer Acht zu lassen, ist in den präfrontalen Regionen des Gehirns angesiedelt. Spezialisierte Nervenschaltkreise in diesem Bereich verstärken eintreffende Signale, auf die wir uns konzentrieren wollen, und dämpfen andere, die wir ignorieren wollen. Da Konzentration voraussetzt, dass wir emotionale Ablenkungen ausblenden, umfasst unsere neuronale Verdrahtung für selektive Aufmerksamkeit auch Mechanismen zur Hemmung von Gefühlen. Diejenigen, die sich am besten konzentrieren*

können, sind relativ immun gegen emotionale Turbulenzen, lassen sich in einer Krise nicht so leicht erschüttern und bleiben trotz der emotionalen Wellen des Lebens in ruhigem Fahrwasser. (Goleman, 2014, S. 25)

Wie du siehst, hat sie im zweiten Abschnitt lediglich »Hemmung von Gefühlen« unterstrichen. Sie weiß, dass sie sich an den Inhalt des Abschnitts erinnern wird, wenn sie dies liest ...

Übe dich darin, nur wenige Schlüsselbegriffe zu markieren. Frage dich dazu: »Wenn ich vier bis fünf Worte pro Abschnitt auf einen Spickzettel schreiben dürfte: Welche würden den Inhalt des Abschnitts am besten wiedergeben?« Markiere nur diese. Wenn du beim Wiederholen einen Blick auf diese Begriffe wirfst, wird dir das Wesentliche sofort wieder einfallen.

Wiederhole rasch und regelmäßig

Bianca baut regelmäßig Wiederholungsschleifen ein. Nachdem sie zwei bis drei Abschnitte gelernt hat, überprüft sie, ob sie sich noch an die Inhalte aus Abschnitt eins erinnern kann. So frischt sie diese auf, bevor sie in Vergessenheit geraten.

Zusätzlich nutzt sie die Zeit vor dem Einschlafen, um die tagsüber gelernten Inhalte nochmals aufzufrischen und diese tief in ihrem Gedächtnis zu verankern.

Schlaf dich schlau

Wusstest du, dass du deinen Schlaf gezielt nutzen kannst, um wichtige Lerninhalte zu vertiefen?

Schlaf ist für die Bildung von Gedächtnisinhalten zentral, das zeigen mittlerweile eine Vielzahl von Studien. Dabei scheint das Gehirn während des Schlafs genau diejenigen Inhalte zu festigen, die wir noch benötigen. Das konnten die zwei Psychologinnen Ines Wilhelm und Susanne Diekelmann in einer interessanten Studie nachweisen (Wilhelm, Diekelmann, Molzow, Ayoub & Born, 2011).

Sie ließen zwei Gruppen von Studierenden Wortpaare lernen und ließen sie danach schlafen. Einer der beiden Gruppen teilten sie mit, dass die Wortpaare am nächsten Tag abgefragt werden.

Diese Gruppe zeigte ein anderes Schlafmuster und schnitt am nächsten Tag beim Test besser ab! Die Studie zeigt somit, dass das Gehirn im Schlaf Gedächtnisinhalte konsolidiert – jedoch nur, wenn wir davon ausgehen, dass wir diese in Zukunft noch gebrauchen werden.

Vielleicht fragst du dich, wie so etwas möglich ist?

Wie du weißt, werden Inhalte im Gedächtnis durch Wiederholung gefestigt. Und genau das scheint das Gehirn während des Schlafs zu tun. Das konnte eine Gruppe Neurowissenschaftler (Euston, Tatsuno & McNaughton, 2007) mithilfe von Ratten nachweisen. Sie trainierten Ratten darauf, bestimmte Wege zu gehen, und beobachteten dabei das Aktivierungsmuster in deren Gehirn, genauer gesagt im medialen präfrontalen Cortex. Die Hälfte der Ratten durfte nach der Aufgabe ein Nickerchen machen. Diese konnten sich im folgenden Test besser an die Wege erinnern.

Während des Schlafs zeigte sich im Gehirn dieser Ratten ein ähnliches Aktivierungsmuster wie während der Lernphase, jedoch in einer sechs- bis siebenmal höheren Geschwindigkeit. Das Gehirn scheint Erinnerungen demnach im Schlaf zu festigen, indem es die gelernten Inhalte erneut aktiviert und dadurch wiederholt.

Nutze diesen Effekt: Wiederhole vor dem Einschlafen und nimm dir vor, dich am nächsten Morgen abzufragen. Damit gibst du deinem Gehirn aktiv das Kommando, diese Inhalte während der Nacht zu festigen.

Bianca beherrscht das Wechselspiel von Lernen und Erholung meisterlich. Auch sie lernt in den zu Beginn dieses Kapitels angesprochenen kurzen, intensiven Intervallen. Damit nutzt sie einen weiteren Gedächtnistrick.

Profitiere vom Primacy- und Recency-Effekt

Der Primacy- und Recency-Effekt besagt, dass beim Lernen sowohl die zuerst als auch zuletzt gelernten Inhalte einer Lerneinheit am besten behalten werden.

Lernst du beispielsweise eine Liste mit zwanzig Vokabeln, ist es wahrscheinlich, dass du dich an die ersten sowie die letzten zwei bis drei Wörter besser erinnerst als an die Vokabeln in der Mitte (vgl. Atkinson & Shiffrin, 1968; Eysenck & Keane, 2010).

Dieser Effekt arbeitet für dich, wenn du beim Lernen kleinere Portionen bildest und häufiger Pausen machst. Dieses Vorgehen eignet sich besonders dann, wenn du etwas auswendig lernen musst.

Du musst dazu nicht unbedingt eine Lernpause einlegen – der Effekt tritt auch auf, wenn du nacheinander für verschiedene Fächer lernst, die sich möglichst stark unterscheiden.

Wenn du nicht weiterkommst: Beiß dich nicht fest

Bianca weiß um die Bedeutung von Pausen. Sie ist sich bewusst, dass sich währenddessen die Glukose-Vorräte in ihrem präfrontalen Kortex wieder regenerieren können und sie danach umso aufnahmefähiger ist.

Sie kennt sogar noch einen weiteren bedeutsamen Vorteil: Während den Pausen arbeitet dein Gehirn weiter!

Du hast richtig gehört. Während du chillst, Sport machst oder mit Freunden unterwegs bist, verarbeiten unbewusste Prozesse den neu gelernten Stoff.

Besonders eindrücklich sieht man dies beim Problemlösen und den sogenannten Geistesblitzen. Hast du schon mal über einer Aufgabe gebrütet und bist trotz intensiven Nachdenkens nicht weitergekommen und hattest während der Klo-Pause plötzlich eine Eingebung? Oder bist nach einer Pause mühelos auf die Lösung gestoßen?

Wie Joydeep Bhattacharya und Simone Sandkühler der Londoner Goldsmiths University zeigen konnten, ist das kein Zufall.

Sie ließen Studierende Denkaufgaben lösen, wobei die Studierenden die Möglichkeit hatten, sich Hinweise einzuholen, wenn sie nicht weiterkamen.

Immer wieder gerieten die Studierenden in eine mentale Sackgasse. Die EEG-Messungen, die die Forscher dabei durchführten, zeigten, dass diese mit starken Gamma-Oszillationen korrelierten. Genau dieses Muster tritt auf, wenn wir uns auf eine Aufgabe konzentrieren und anderes ausblenden. In diesem Zustand sind wir zwar fokussiert und produktiv, stoßen bei Problemen aber an unsere Grenzen, weil wir uns zu sehr auf bestimmte Lösungsmöglichkeiten versteifen.
Studierende, die kurz vor dem Hinweis ein höheres Muster an Alpha-Rhythmen zeigten, konnten Hinweise auf die Lösung besser nutzen als die fokussierten Versuchspersonen (vgl. Sandkühler & Bhattacharya, 2008; Seth, Sandkühler & Bhattacharya, 2009). Dieses EEG-Muster entspricht eher dem Tagträumen beziehungsweise einem entspannten Zustand.

Nicht nur die Erfahrungen vieler Philosophen und Mathematiker aus den letzten zweitausend Jahren, sondern auch wissenschaftliche Untersuchungen zeigen: Wenn du feststeckst, solltest du dich von der Aufgabe lösen. Mach etwas anderes, entspanne dich und lass dein Gehirn alleine weiterarbeiten. Damit kannst du eine Restrukturierungsphase einleiten, in der dein Gehirn bereits vorhandene Assoziationen schwächen und neue aufbauen kann, die dir möglicherweise zur Lösung verhelfen.

Lerne an verschiedenen Orten

In vielen Büchern zum Thema Lernen findest du den Rat, immer am gleichen Ort zu lernen. Dadurch sollen Konditionierungseffekte genutzt werden: Dein Gehirn verbindet diesen Ort mit der Arbeit, was dir dabei helfen soll, leichter in die nötige Stimmung zu finden. Zudem weisen Studien aus der Gedächtnisforschung darauf hin, dass man sich besser an Inhalte erinnert, wenn man diese mehrmals am gleichen Ort lernt und abruft. Dieser Effekt wird als kontextabhängiges Erinnern bezeichnet, weil dabei Hinweise aus der Umgebung mit abgespeichert werden, die den Zugang zu den Gedächtnisinhalten erleichtern. So konnten sich beispielsweise Taucher unter Wasser besser an Wortlisten erinnern, die sie zuvor ebenfalls unter Wasser gelernt hatten, während sie sich an Land besser an die auf dem Trockenen gelernten Vokabeln erinnerten (Godden & Baddeley, 1975).

Genau diese beiden Effekte sprechen aber auch gegen das Lernen am immer gleichen Ort. Das kontextabhängige Erinnern ist nur dann ein Vorteil, wenn du am selben Ort geprüft wirst. Deshalb war es klug von Nicole, im Histologie-Saal zu lernen, wo später auch die Prüfung stattfand.

Wenn du nicht am Prüfungsort selbst lernen kannst, ist es besser, wenn du die Lernumgebung variierst. Das konnte eine Forschergruppe der Universität Michigan zeigen (Smith, Bjork & Glenberg, 1978). Sie ließen Studierende vierzig Wörter in zwei Durchgängen lernen. Eine Gruppe lernte zweimal im gleichen Raum, die andere in zwei verschiedenen. Geprüft wurde in einem dritten Raum. Während sich die Ein-Raum-Gruppe durchschnittlich an sechzehn Wörter erinnern konnte, waren es bei der Zwei-Raum-Gruppe vierundzwanzig. Eine beachtliche Steigerung.

Auch Konditionierungseffekte sprechen nicht unbedingt dafür, immer am selben Ort zu arbeiten: Hast du an einem bestimmten Arbeitsplatz mehrmals schlechte Lern- und Arbeitserfahrungen gemacht, verbindest du ungünstige Gefühle mit diesem Ort. Du fühlst dich bereits schlaff und müde, sobald du dich hinsetzt. Genau in diesem Fall wäre ein Wechsel sinnvoll, um alte Muster zu durchbrechen.

Abgesehen von diesen Gedächtnis- und Konditionierungsüberlegungen wird das Lernen schlicht abwechslungsreicher und interessanter, wenn du an unterschiedlichen Orten arbeitest. Such dir ein paar schöne Nischen an deiner Uni, an anderen Fakultäten, in Bibliotheken in der Stadt. Vielleicht gibt es auch einen hübschen Park oder einen botanischen Garten in der Nähe, wo wenig los ist und du im Sommer ein gemütliches Plätzchen im Schatten findest? Halte stets die Augen offen nach neuen Orten, die du gerne einmal ausprobieren möchtest. Den Weg von einer Nische zur anderen kannst du als optimale Pause nutzen.

Hole das Maximum aus deinen Vorlesungen

Da ich mit der Aufmerksamkeit so meine Mühe habe und in einer Vorlesung nach zwanzig Minuten kaum mehr zuhören kann, habe ich eher selten von diesem Angebot Gebrauch gemacht. Ich habe mir den Stoff lieber selbst erarbeitet.

Falls du aber hingehst oder – Bologna sei Dank – sogar hingehen musst, dann lass nicht zu, dass du während der Vorlesungen in die Müllzeit abgleitest. Versuche stattdessen in dieser Zeit den Stoff ein erstes Mal zu durchdringen und dir so viel wie möglich zu merken.

Falls du die Vorlesungszeit nicht gut nutzt, hängt dies meist an einem von zwei Gründen. Entweder ist die Veranstaltung langweilig und du driftest deswegen immer wieder in Tagträume ab oder der Stoff ist zu komplex und du bist überfordert mit der Aufnahme. Für beide Situationen gibt es eine simple Hilfestellung, die du dir aneignen kannst.

Wenn es langweilig ist: Schreib mit

Wenn du dir Notizen machst, zwingst du dich automatisch dazu, aufzupassen. Wenn du dies sogar in einer Form tust, die einiges an Denkarbeit erfordert, bist du nicht nur konzentrierter, sondern prägst dir den Stoff sogar besser ein.

Vielleicht hast du bereits von der Cornell-Methode gehört. Falls nicht, möchte ich sie dir hier kurz vorstellen.

Für diese Vorgehensweise, die von Universitätsprofessor Walter Pauk an der Cornell-University entwickelt wurde, benötigst du nur einen Block Papier, einen Stift und, falls du zur Fraktion der Sorgfältigen gehörst, ein Lineal.

Als Erstes teilst du das Blatt wie folgt in drei Bereiche ein:

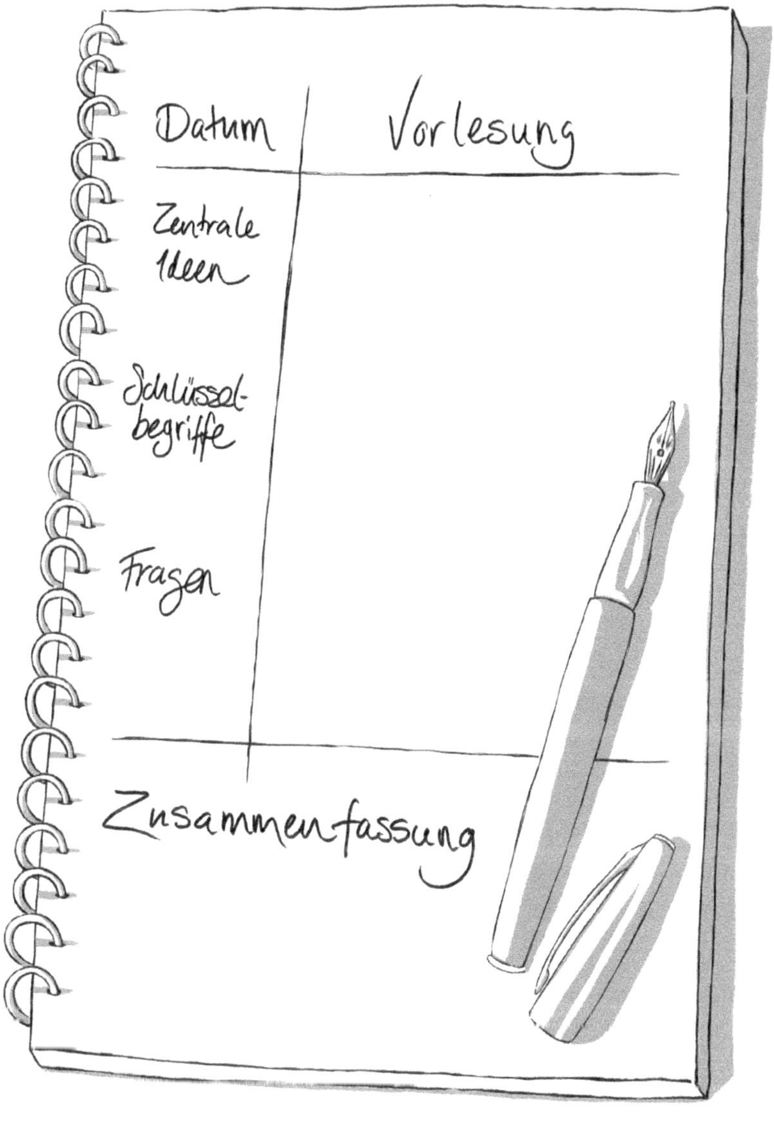

Den Notiz-Bereich nutzt du für die Mitschrift. Links kannst du zentrale Punkte oder Fragen festhalten. Für die Lernphase kannst du zum Beispiel den Notiz-Bereich abdecken und anhand der Fragen oder Schlüsselbegriffe auf der linken Seite versuchen, den Inhalt herzuleiten.

Den unteren Bereich nutzt du, um jeweils eine kurze Zusammenfassung zum Thema zu schreiben.

Falls du etwas nicht verstanden hast, ist es hilfreich, wenn du dir nach der Vorlesung fünf Minuten Zeit nimmst und die Notizen vervollständigst, solange die Inhalte noch frisch sind und du jemanden aus deinem Kurs fragen kannst.

Genauere Anleitungen und Beispiele findest du auf YouTube unter dem Stichwort »Cornell-Methode«.

Heute kannst du natürlich auch mit Hilfe deines Laptops oder Tablets Notizen anlegen. Das sieht meist schöner und übersichtlicher aus und du kannst sie besser nachbearbeiten.

Für das handschriftliche Arbeiten spricht eine Studie von Pam Müller und Daniel Oppenheimer (2014). Sie konnten zeigen, dass Studierende, die mit Hilfe des Laptops Notizen machen, dazu neigen, fast wörtliche Mitschriften zu erstellen. Dadurch denken sie weniger über den Stoff nach und können sich komplexe Inhalte schlechter merken.

Wenn du überfordert bist: Bereite dich vor

Du sitzt in einer Vorlesung und verstehst nur Bahnhof? Es geht dir zu schnell und du kommst einfach nicht mit?

Jetzt hast du zwei Möglichkeiten: Entweder du sitzt zwei Stunden da, fühlst dich dumm und musst den gesamten verpassten Stoff für die Prüfung nochmals komplett neu erarbeiten – oder du bereitest dich auf die Vorlesung vor.

Sonja, BWL-Studentin, wählte den zweiten Weg. Sie war mit Statistik überfordert und meinte, dass sie zu diesen Vorlesungen gar nicht hingehen bräuchte, weil sie »sowieso nichts checkt«.

Das änderte sich durch eine simple Vorgehensweise: Sonja schaut nun tags zuvor kurz im Skript nach, welches Thema als nächstes behandelt wird. Nun gibt sie dieses (zum Beispiel »F-Test« oder »Produkt-Moment-Korrelation«) in der YouTube-Suche ein und schaut sich ein einfach gehaltenes Erklär-Video dazu an. Nach einigen Wochen hatte sie den Dreh raus: Sie weiß nun, welche YouTube-Kanäle sich für sie eignen, und findet rasch ein Video, das vom Komplexitätsgrad her den Anforderungen ihres Studiums entspricht und es ihr von der Didaktik und dem Tempo her dennoch erlaubt, den Erklärungen zu folgen.

Die Videos eigenen sich weniger für die Prüfungsvorbereitung, weil ihr Professor sich bezüglich der Prüfungsaufgaben stark an seinem Skript und seinen Übungsaufgaben orientiert. Aber Sonja kann sich durch die Filme in kurzer Zeit einen Überblick über ein Verfahren verschaffen und sich so viel Grundlagenwissen aneignen, dass sie in der Vorlesung endlich den Erklärungen des Professors folgen kann. Durch diese zehn bis fünfzehn Minuten Vorbereitungszeit pro Woche verwandelt sie zwei Stunden Müllzeit in zwei produktive Lektionen, aus denen sie sehr viel mitnehmen kann.

BLEIB DRAN

Wir kommen zum Ende dieses Buches. Ich hoffe, du fühlst dich im täglichen Kampf gegen die Müllzeit nun besser gewappnet, kannst deine Freizeit genießen und findest immer wieder den Mut, dich schwierigen Aufgaben zu stellen.

Die Aufschieberitis ist ein hartnäckiger Gegner. Es braucht viel Übung, um es mit ihm aufzunehmen. Manchmal wirst du ihn austricksten müssen, indem du dich mit anderen zum Lernen verabredest oder ihn mit dem Gedanken »Ich mache mal nur zehn Minuten« in falscher Sicherheit wiegst. Manchmal gewinnst du, indem du einen Frontalangriff startest, all deine Willenskraft sammelst und dir fest vornimmst, durch alle negativen Gefühle hindurchzugehen. Dann wieder ist es wichtig, dass du merkst, wann du einem Kampf aus dem Weg gehen solltest, um stattdessen mit Hilfe richtiger Pausen und echter Freizeit deine Kräfte zu sammeln.

In vielerlei Hinsicht lässt sich dieser Kampf langfristig nur gewinnen, wenn du neue Gewohnheiten aufbaust und dir nach und nach eine hilfreiche Einstellung zu Arbeit und Freizeit zulegst. Das braucht Zeit und ein wenig Geduld. Manchmal reicht ein Buch dazu nicht aus. Dann lohnt es sich, wenn du dir Hilfe suchst. Viele Universitäten und Fachhochschulen bieten Studierendenberatungen, Coachings oder sogar spezifische Kurse zum Thema Aufschieben an, und das häufig sogar kostenlos oder zu einem sehr niedrigen Preis. Es lohnt sich, diese Angebote in Anspruch zu nehmen – sie können dein Leben verändern.

Ich wünsche dir auf deinem weiteren Weg viel Erfolg und Erfüllung!

Herzlich,
Fabian

LITERATUR

Adriaanse, M. A., Oettingen, G., Gollwitzer, P. M, Hennes, E. P., de Ridder, D. T. & De Wit, J. B. F. (2010). When planning is not enough: Fighting unhealthy snacking habits by mental contrasting with implementation intentions (MCII). European Journal of Social Psychology 40, 1277–1293.

Atkinson, R. C. & Shiffrin, R. M. (1968). Human Memory: A Proposed System and Its Control Processes. In: K. W. Spence & J. T. Spence (Hrsg.): The Psychology of Learning and Motivation. Vol 2. New York: Acad. Press.

Baumeister, R. F., Bratlavsky, E., Muraven, M. & Tice, D. M. (1998). Ego Depletion: Is the Active Self a Limitied Ressource? Journal of Personality and Social Psychology, 74, 1252–1265.

Baumeister, R. F. & Tierney, J. (2012). Die Macht der Disziplin. Wie wir unseren Willen trainieren können. Campus-Verlag.

Baumeister, R. F., Vohs, K. D. & Tice, D. M. (2007). Strength Model of Self-Control. Current Directions in Psychological Science 16, 351–355.

Beck, B. L., Koons, S. R. & Milgrim, D. L. (2000). Correlates and Consequences of Behavioral Procrastination: The Effects of Academic Procrastination, Self-Consciousness, Self-Esteem and Self-Handicapping. Journal of Social Behavior & Personality, 15 (5), 3–13.

Bodenmann, G., Perrez, M. & Schär, M. (2015). Klassische Lerntheorien; Grundlagen und Anwendungen in Erziehung und Psychotherapie. Hogrefe.

Boice, R. (1989). Procrastination, busyness and bingeing. Beharvior Research Therapy, 27, 605–611.

Diefendorff, J. M., Richard, E. M. & Großerand R. H. (2006). Examination of Situational and Attitudinal Moderators oft he Hesitation and Performance Relation. Personnel Psychology, 59, 365–393.

Dweck, C. (2009). Selbstbild: Wie unser Denken Erfolge oder Niederlagen bewirkt. Piper.

Eysenck, M. W. & Keane, M. T. (2010). Cognitive psychology (6th ed.). London: Taylor & Francis.

Ferrari, J.R. & Tice, D. (2000). Procrastination as a self-handicap for men and women : a task avoidance strategy in a laboratory setting. Journal of Research in Personality, 34, 73–83.

Flaubert, G. (1876). Brief an Madame Tennant. Online Abrufbar unter: http://flaubert.univ-rouen.fr/correspondance/conard/lettres/76d.html.

Flett, G. L., Blankenstein, K. R., Hewitt, P. L. & Koledin, S. (1992). Components of Perfectionism and Procrastination in College Students. Social Behavior and Personality, 20 (2), 85–94.

Gallo, I. S. & Gollwitzer, P. M. (2007). Implementation intentions: A look back at fifteen years of progress. Psicothema, 19 (1), 37–42.

Gates, A. I. (1922). Recitation as a factor in memorizing (No. 40). Science Press.

Godden, D. R. & Baddeley, A. D. (1975). Context-dependent memory in two natural environments: On land and underwater. British Journal of psychology, 66 (3), 325–331.

Goleman, D. (2014). Konzentriert euch! Eine Anleitung zum modernen Leben. Piper.

Gollwitzer, P. M. & Sheeran, P. (2006). Implementation Intentions and Goal Achievement: A Meta-Analysis of effects and processes. Advances in Experimental and Social Psychology, 38, 69–119.

Euston, D. R., Tatsuno, M. & McNaughton, B. L. (2007). Science, 318, (5853), 1147–1150.

Höcker, A., Engberding, M. & Rist, F. (2013). Prokrastination: Ein Manual zur Behandlung des pathologischen Aufschiebens (Therapeutische Praxis). Hogrefe.

Höcker, A., Engberding, M., Haferkamp, R. & Rist, F. (2012). Effectiveness of Working Time Restriction in the Treatment of Procrastination. Verhaltenstherapie, 22, 9-16. Online abrufbar unter: http://www.karger.com/Produkte-DB/miscArchiv/000/334/970/000334970_sm_eversion.pdf.

Horn, A. B. & Mehl, M. R. (2004). Expressives Schreiben als Copingtechnik: Ein Überblick über den Stand der Forschung. Verhaltenstherapie, 14, 274–283.

Kacewicz, E., Slatcher, R. B. & Pennebaker, J. W. (2007). Expressive Writing: An Alternative to Traditional Methods. In: L. L'Abate (ed.), Low-cost approaches to promote physical and mental health: Theory, Research and Practice, 271–284. New York: Springer.

Kappes, H. B. & Oettingen, G. (2011). Positive Fantasies About Idealized Futures Sap Energy. Journal of Experimental Social Psychology, 47, 719–729.

Klibert, J. J., Langhinrichsen-Rohling, J. & Motoko, S. (2005). Adaptive and Maladaptive Aspects of Self-Oriented versus Socially Prescribed Perfectionism. Journal of College Student Development, 46 (2), 141–156.

Lally, P., van Jaarsveld, C. H. M., Potts, H. W. W. & Wardle. J. (2010). How are habits formed: Modelling habit formation in the real word. European Journal of Social Psychology, 40, 6, 998–1009.

Lieberman, M. D., Eisenberger, N. I., Crockett, M. J., Tom, S. M., Pfeifer, J. H. & Way, B. M. (2007). Putting feelings into words. Psychological science, 18 (5), 421–428.

Lepore, S. J. & Smyth, J. M. (2002). The Writing Cure: How Expressive Writing Promotes Health and Emotional Well-Being. American Psychological Association.

Mischel, W. (2015). Der Marshmallow-Test: Willensstärke, Belohnungsaufschub und die Entwicklung der Persönlichkeit. Siedler-Verlag.

Mueller, P. A. & Oppenheimer, D. M. (2014). The pen is mightier than the keyboard: Advantages of longhand over laptop note taking. Psychological science, 25 (6), 1159–1168.

Muraven, M., Tice, D. M. & Baumeister, R. F. (1998). Self-Control as Limited Ressource : Regulatory Depletion Patterns. Journal of Personality and Social Psychology, 74, 774–789.

Oettingen, G. (2014). Rethinking Positive Thinking: Inside the New Science of Motivation. Current. Deutsche Übersetzung: Oettingen, G. (2014). Die Psychologie des Gelingens. Pattloch.

Oettingen, G. & Mayer, D. (2002). The Motivating Function of Thinking about the Future: Expectations versus Fantasies. Journal of Personality and Social Psychology, 83, 1198–1212.

Oettingen, G., Pak, H. & Schnetter, K. (2001). Self-Regulation of Goal Setting: Turning Free Fantasies About the Future into Binding Goals. Journal of Personality and Social Psychology, 80, 736–753.

Ovsiankina, M. (1928). Die Wiederaufnahme unterbrochener Handlungen. Psychologische Forschung, 11, 302–379 – zitiert nach Rheinberg, F. (2002). Motivation. Kohlhammer.

Pennebaker, J. W. (1997). Writing about emotional experiences as a therapeutic process. Psychological Science, 8 (3), 162–166.

Pennebaker, J. W., Barger, S. D. & Tiebout, J. (1989). Disclosure of traumas and health among Holocaust survivors. Psychosomatic Medicine, 51, 577–589.

Pennebaker, J. W. & Francis, M. E. (1996). Cognitive, emotional, and language processes in disclosure. Cognition and Emotion, 10, 601–626.

Rogak, L. (2009). Haunted Heart: The Life and Times of Stephen King. Thomas Dunne Books.

Rückert, H.W. (2014). Schluss mit dem ewigen Aufschieben: Wie Sie umsetzen, was Sie sich vornehmen. Campus-Verlag.

Sandkühler, S. & Bhattacharya, J. (2008). Deconstructing insight: EEG correlates of insightful problem solving. PLoS one, 3 (1), e1459.

Sheth, B. R., Sandkuhler, S. & Bhattacharya, J. (2009). Posterior beta and anterior gamma oscillations predict cognitive insight. Journal of Cognitive Neuroscience, 21 (7), 1269–1279.

Söderlund, G. B. W., Sikström, S., Loftesnes, J. M. & Barke, E. J. (2010). The effects of background white noise on memory performance in inattentive school children. Behavioral and Brain Functions, 6 (55).

Smith, S. M., Glenberg, A. & Bjork, R. A. (1978). Environmental context and human memory. Memory & Cognition, 6 (4), 342–353.

Spera, S. P., Buhrfeind, E. D. & Pennebaker, J. W. (1994). Expressive writing and coping with job loss. Academy of Management Journal, 37, 722–733.

Steel, P. (2011). Der Zauderberg. Warum wir immer alles aufschieben und wie wir damit aufhören. Bastei Lübbe.

Steel, P. (2007). The nature of procrastination. Psychological Bulletin, 133, 65–94.

Wilhelm, I., Diekelmann, S., Molzow, I., Ayoub, A., Mölle, M. & Born, J. (2011). Journal of Neuwoscience, 31 (5), 1563–1569.

Wohl, M. J. A., Psychyl, T. A. & Bennett, S. H. (2010). I forgive myself, now I can study : How self-forgiveness for procrastination can reduce future procrastination. Personality and Individual Differences, 48, 803–808.

Wray, J. (2004). Haruki Murakami, The Art of Fiction No. 182. The Paris Review, Issue 170. Online abrufbar unter: http://www.theparisreview.org/interviews/2/haruki-murakami-the-art-of-fiction-no-182-haruki-murakami.

Zeidner, M. (1998). Test Anxiety: The State of the Art (Perspectives on Individual Differences). Springer.

Zentall, S. S. (2005). Theory- and Evidence-Based Strategies for Children with Attentional Problems. Psychology in the Schools, 42 (8), 821–836. DOI: 10.1002/pits.20114.